KARL RABEDER
mit Kai Schächtele

Wer nichts hat, kann alles geben

KARL RABEDER

mit Kai Schächtele

Wer nichts hat, kann alles geben

Wie ich meine Reichtümer
gegen den Sinn
des Lebens eintauschte

LUDWiG

Verlagsgruppe Random House FSC-DEU-0100
Das für dieses Buch verwendete
FSC®-zertifizierte Papier *EOS*
liefert Salzer Papier, St. Pölten, Austria.

Lektorat: Theresa Stöhr

2. Auflage
Copyright © 2011 by Ludwig Verlag, München,
in der Verlagsgruppe Random House GmbH
http://www.ludwig-verlag.de
Umschlaggestaltung: Eisele Grafik-Design, München
Umschlagfoto: Marc Beckmann
Satz: C. Schaber Datentechnik, Wels
Druck und Bindung: Pustet, Regensburg
Printed in Germany 2011

ISBN: 978-3-453-28023-6

Inhalt

7   Prolog

17   Das Haus

29   Der Erbsenschäler

39   Die Reifung

55   Der Flug

73   Das Handwerk

91   Die Millionen

107   Der Umzug

125   Der Urlaub

141   Die Trennung

159   Der Verkauf

177   Die Ablösung

193   Die Saat

209   Der Neubeginn

229   Epilog

237   MyMicroCredit

Prolog

Es war ein trüber Sommertag im Juli 2010, als ich den vorletzten Schritt aus meinem alten Leben tat. Ich stand vor einem Haus in der Provence, das ich dreieinhalb Jahre zuvor gekauft hatte, und genoss die fantastische Aussicht. Es liegt ziemlich weit oben an einem Hang, eine Autostunde nördlich von Marseille. Die Gegend dort ist so malerisch, dass man nichts anderes tun mag, als den ganzen Tag davorzusitzen und die Landschaft zu genießen. Oder darüber seine Kreise zu ziehen.

Ich hatte mich in diesen Landstrich verliebt, als ich Ende der achtziger Jahre zum ersten Mal in meinem Segelflugzeug darübergeflogen war. In einer Zeitschrift hatte ich einen Artikel über einen Deutschen gelesen, der dort eine Segelflugschule betrieb. Schon der erste Kurs begeisterte mich so sehr, dass ich dort hängen blieb. Seitdem war es mein Traum, eines Tages hier zu leben.

Die Ansässigen erzählen eine schöne Geschichte über sich und diese Gegend. Nachdem Gott die Provence erschaffen hatte, stellte er fest, dass ihm da etwas Perfektes gelungen war, etwas, das nicht schöner hätte sein können. Doch dann bekam er einen großen Schrecken. Denn etwas so Vollendetes durfte es auf Erden nicht geben, schließlich gibt es nur einen vollkommenen Ort: das Paradies. Also dachte Gott darüber nach, was er der Provence antun konnte, um aus ihr einen irdischen Flecken zu machen. Und so schuf er die Südfranzosen. Eigenwillige, langsam arbeitende Menschen, die allem Fremden erst einmal mit ausgewiesener Reserviertheit und Arroganz begegnen. Somit hatte auch dieser Landstrich seinen notwendigen Makel.

Der konnte mich allerdings nicht davon abhalten, dieses Haus zu kaufen. Es war Liebe auf den ersten Blick. Erbaut worden war es im Jahr 1890 von einem Seidenraupenzüchter. Im Flachland war eine Krankheit ausgebrochen, an der allmählich alle Seidenraupen starben. Also stellte er sich ein Haus auf den Berg, 350 Quadratmeter groß, weit entfernt vom Rest der Welt, in der Umgebung nur ein Schafstall. Weil er der Einzige war, der noch Seide produzieren konnte, wurde er reich. Sein Haus thronte so majestätisch, mit so viel Würde auf seinem Plateau, dass es im wenige Kilometer entfernten Örtchen Cruis ehrfurchtsvoll »le Château« getauft wurde: »das Schloss«. So heißt es bis heute. Mit dem Kauf dieses Hauses war ich also zu einem Schlossherrn geworden.

Die Intensität der Umgebung übte eine ungeheure Faszination auf mich aus. Nicht umsonst hat es in den vergangenen Jahrhunderten immer wieder Maler dort-

hin gezogen. Ein Licht aus warmen Gelb- und Ocker-
tönen, die sich auch in der Landschaft wiederfinden.
Eine Luft, viel klarer als in Österreich, die eine Sicht
eröffnet, dass man meinen könnte, man blicke bis in
die Ewigkeit. Überall Lavendel- und Sonnenblumen-
felder, Olivenhaine und schroffe Felsen, Wälder und
Wiesen, bei deren Anblick sich in mir eine Ruhe aus-
breitet, die ich an wenigen anderen Orten dieser Erde
erfahren habe.

Hier, genau hier, wollte ich leben. Als ich dieses Haus
sah, wusste ich, dass ich den Platz gefunden hatte, an
dem ich irgendwann meinen Lebensabend verbringen
würde. Und als ich hinter das Haus trat, spürte ich es
auch. Ich nahm eine so intensive, unerklärliche Energie
wahr, dass ich mich sofort zu Hause fühlte. Ich würde
morgens aufstehen, von der Terrasse aus mit einer
Tasse Kaffee in der Hand die Aussicht in mich aufsau-
gen und danach in mein Segelflugzeug steigen. Rabeder, würde ich mir denken, Rabeder, du hast es geschafft – du führst ein perfektes Leben. Südfranzosen
hin, Südfranzosen her! Wir würden ja weit genug entfernt von jeglicher Menschenansammlung leben.

So hatte ich mir das ausgemalt, als ich im Winter
2007 den Kaufvertrag unterschrieb.

In der ganzen Zeit, in der das Haus in meinem Besitz war, haben meine damalige Freundin und ich am
Ende aber nur etwa dreißig Tage darin verbracht. Bis
zum Schluss gab es keine Möbel, keinen Komfort, nichts.
Wir schliefen auf zwei Matratzen, Licht spendeten ein
paar Kerzen, die wir in leere Weinflaschen steckten. 9

Die Zeit tagsüber verbrachten wir auf der Terrasse, unter den Akazienbäumen oder im Segelflugzeug. Zu Hause in Österreich haben wir jahrelang den Umbau dieses Prunkstücks geplant, das man auf 600 Quadratmeter hätte ausbauen können. Ich bin in einem kleinen Häuschen in Linz groß geworden, auf 35 Quadratmetern, die ich mir mit meiner Mutter geteilt habe. Als meine Freundin und ich uns überlegten, wie »das Schloss« am Ende aussehen sollte, konnte es uns nicht groß genug sein.

Mit einer befreundeten Architektin aus Wien haben wir die Renovierung genau geplant: ganz reduziert, große Räume, viel Glas, keine Schnörkeleien. Ein elektrisches Klavier, das von selbst spielte, sollte den riesigen Innenraum mit wunderbarer Musik erfüllen – so lange, bis mein eigenes Geklimper erträglich werden würde. Nebenan wollten wir einen kleinen Start- und Landeplatz für unsere Segelflugzeuge errichten, damit wir von unserem Wohnhaus in Tirol bis direkt vor den Eingang des »Châteaus« hätten fliegen können. Es wäre im wahrsten Sinne des Wortes ein Leben wie im Himmel gewesen.

Doch daraus ist nichts geworden. Irgendwann wurde mir klar, dass dieses Haus für ein Leben stand, das ich nicht mehr führen wollte. Eines, das mich eher belastete als beflügelte. Von diesem Augenblick an wollte ich es nur noch loswerden. Es war meine Stein gewordene Vergangenheit.

So stand ich an diesem Vormittag dreieinhalb Jahre nach dem Kauf vor dem Traumhaus, das es für mich nun nicht mehr war. Es blieben noch zwei Stunden Zeit, bis die neuen Besitzer kamen. Der Himmel war wolkenverhangen, mit Regentropfen in den Augen nahm ich Abschied, von dem Haus ebenso wie von meinem alten Leben. Ganz in Ruhe, nur für mich allein.

Irgendwann trieb ein Schäfer seine Herde über die Wiese direkt vor dem Haus. Ein Mann wie aus dem Schäfer-Lehrbuch: riesiger dunkelbrauner Hut, regendichter Mantel. Nur der rote Klappschirm wollte so gar nicht dazu passen und gab ihm seine ganz persönliche skurrile Note. In den Jahren davor waren wir uns nur selten begegnet. Weil wir kaum da waren, hatte er es sich zur Gewohnheit gemacht, seine Schafe zum Grasen auf die Wiese zu schicken, die zu unserem »Château« gehörte. Einmal hatte ich ihn sogar dabei erwischt und ihn zur Rede gestellt. Er rechtfertigte sich damit, dass es doch geregnet und er sich nur habe unterstellen wollen. »Ja mei«, dachte ich mir nur, »ist halt ein schlauer Bursche! Seinen Schafen schmeckt das frische Gras auf meinem Grund sicher besser als das halb vertrocknete im Wald. Das ist schon okay.«

An diesem Vormittag aber dachte ich über etwas ganz anderes nach. Es kam mir vor, als wollte mir noch einmal jemand vor Augen führen, warum ich mich getäuscht hatte, als ich dachte, in diesem Haus an meinem Ziel angekommen zu sein. Der Schäfer, die Hunde, die Herde: Für mich war das, was da an mir vorübermarschierte, ein Symbol dafür, wie alle Gesellschaften in der westlichen Welt heute funktionieren. Einer bestimmt, in welche Richtung sich die Masse bewegen soll: der Schäfer. Einige wenige sind abgerichtet und führen seine Befehle aus: die Hunde. Und dazwischen gibt es eine Masse, die sich nicht so bewegt, wie es ihrer Natur entspricht, sondern so, wie es ihre Herrscher wollen – das sind die Schafe.

Es gibt so viele Schafherden, so viele Hunde, so viele Schäfer – und es ist immer dasselbe System, nach dem alles funktioniert. Die Schafe glauben vielleicht, dass sie einen freien Willen haben, weil sie ein Bein vor das andere setzen. Doch in Wirklichkeit führen sie ein Leben in kompletter Unfreiheit. So gesehen bin auch ich die meiste Zeit meines Lebens ein Schaf gewesen, das sich getäuscht hat. Und was für eines!

Seit ich denken kann, ging es in meinem Leben darum zu arbeiten: etwas zu leisten, etwas zu tun zu haben. Das Haus, in dem ich gemeinsam mit meiner Mutter lebte, gehörte meinen Großeltern, und es war vor allem meine Oma, die mir beibrachte, dass man jede Minute mit etwas Sinnvollem füllen muss, wobei »sinnvoll« nach ihrer Definition nur etwas war, was unmittelbar mit Geldverdienen zu tun hatte.

Mein Großvater war aus einem anderen Holz geschnitzt. Er war ein lebenslustiger Mann, der in seiner Jugend mit seinen Schwestern viel gesungen hat. Kurz bevor er starb, sagte er zu mir: »Weißt du, Karl, manchmal hätte ich mich einfach gern in die Sonne gesetzt und den Tag Tag sein lassen.« Doch das wusste seine Frau zu verhindern, sie beharrte stets darauf, dass es noch dies und jenes zu tun gebe. Das ist das Schicksal vieler Menschen: immer das Gefühl zu haben, etwas tun zu müssen. Wenn ich alle To-do-Listen, die ich in meinem Leben angefertigt habe, aneinanderhängen würde, könnte ich damit vermutlich die Erde mit dem Mond verbinden. Dann wüsste das ganze Weltall, womit ich in den vergangenen Jahrzehnten meinen Kopf überladen habe: »Vertriebsleiter Konsum anrufen. Entwürfe für Weihnachtskerzen überprüfen. Termine für Junioren-Segelflugtraining vereinbaren. Mitarbeiter für Sonderverkaufsaktion briefen.«

Mein ganzes Leben war danach ausgerichtet, Geld zu verdienen. Nicht, weil ich das selbst so gewollt hätte, sondern weil es das war, was ich zu Hause gelernt hatte und was mir später zu einer Selbstverständlichkeit wurde, die ich nicht hinterfragt habe. Meine Großmutter lehrte mich: Der Wert jedes Menschen bemisst sich in unserer Gesellschaft allein daran, was er zu leisten imstande ist und an Geld erwirtschaften kann. Ganz simpel. Je mehr er verdient, umso größer ist sein Stellenwert. Jede weitere Null auf dem Gehaltsscheck führt zu einem Zuwachs an Bedeutung, Macht und Einfluss. So denken viele Menschen, und ich kann nur sagen: Tut mir leid, bis vor einigen Jahren war ich auch so einer.

Ich war immer ein Mensch, den alles fasziniert hat, was möglich schien. Und ich habe versucht, alles Mögliche auch wirklich zu erreichen. Ich habe nicht Ruhe gegeben, bis das, was ich mir vorgenommen hatte, erreicht war, auch wenn ich damit andere vor den Kopf gestoßen und gar nicht gemerkt habe, wie ich sie mit meinem Ehrgeiz und meinen hohen Qualitätsansprüchen gequält, manchmal sogar gedemütigt habe. Ich habe zwar immer gespürt, dass da etwas in mir zwickt, dass eine Kraft in mir gegen diese Art zu leben ankämpft, doch ich habe sie nie so stark werden lassen, dass sie mich behindert hätte. Denn ich habe mir immer gedacht: »Das machen doch alle so, was, bitte schön, soll daran falsch sein?«

Es war meine Leidenschaft fürs Segelfliegen, die dazu führte, dass diese Kraft langsam stärker wurde. Als Jugendlicher war ich zum ersten Mal in einem Segelflugzeug gesessen, anfangs noch ängstlich und zaghaft, später immer selbstbewusster. Je sicherer ich am Steuer und beim Nutzen der Aufwinde wurde, umso mehr spürte ich, wie sehr ich mich beim Segelfliegen auf mein Gefühl verlassen konnte. Ich brauchte keine Messgeräte und keinen Computer, um zu entscheiden, ob ich über den nächsten Bergkamm käme. Keine Hilfsmittel, um die Aufwinde zu finden, die mich weit nach oben hoben. Das Einzige, was ich benötigte, war mein Gefühl, mein Gespür für die Natur und die Bereitschaft, diese Eindrücke auch wirklich wahrzunehmen. Irgendwann kam mir der Gedanke: Wenn ich meinen Geist im Pilotensitz eines Segelflugzeugs so weit zu öffnen vermag, dass ich jedes Detail um mich herum in mich aufnehmen kann, jeden Lufthauch und jede Wolke – wie ist es dann möglich, dass ich mich auf meinem Bürosessel so taub und stumpf fühle?

Also machte ich mich auf die Suche nach der Antwort auf die Frage, was das ist, das so in mir zwickt.

Heute kann ich sagen: Ich bin kein Schaf mehr, das

sich vom Schäfer und seinen Hunden durch die Gegend scheuchen lässt. Ich bin ein Adler, der außer Reichweite derer fliegt, die großes Interesse daran hätten, dass ich mich nach ihren Regeln verhielte. Diese Zeiten aber sind unwiderruflich vorbei.

Bald nachdem der Schäfer mit seinen Hunden die Schafe von der Wiese getrieben hatte, trafen die neuen Besitzer ein: ein älteres Ehepaar aus Marseille, das es mit einem IT-Unternehmen zu stattlichem Reichtum gebracht hatte und nun seinerseits aus diesem Haus einen Alterssitz machen wollte. Ich erklärte den beiden die wenigen Dinge, die sie über ihr neues Zuhause wissen mussten, drückte ihnen die Schlüssel in die Hand und wünschte ihnen alles Gute. Als ich die Tür hinter mir zuzog, breitete sich in mir ein großes Gefühl der Erleichterung aus. Ich setzte mich ins Auto und machte mich auf den Weg zurück nach Tirol. Dort wartete eine letzte Aufgabe auf mich, die ich noch bewältigen musste. Ein letzter Schritt. Und dann würde mein neues Leben endlich beginnen können.

Das Haus

Wenn der Karl Rabeder, der ich einmal war, lesen könnte, was ich zu sagen habe, würde er vermutlich denken: »Was für ein Schmarrn!« Doch wenn ich andererseits heute noch das Leben führen müsste, das ich seit meiner Kindheit geführt habe, wäre ich ein todunglücklicher Mann. Seit ich denken kann, war mein Umfeld auf Leistung getrimmt, auf Disziplin und Arbeit. Diese Haltung hat sich zwangsläufig auch auf mich übertragen.

Keimzelle dieses Lebens war ein kleines Haus in der Hochstraße 40 in Leonding, einem Ort, durch den sich während meiner Kindheit noch staubige Schotterwege zogen und der sich inzwischen zum Nobelvorort von Linz gemausert hat, der Landeshauptstadt von Oberösterreich. Das Häuschen, zwei Zimmer unten, zwei Zimmer oben, steht auf einem tausend Quadratmeter großen Grundstück, es gibt einen kleinen Anbau und Stallungen, Obstbäume und Gemüsebeete. Mitte der neunziger Jahre haben wir es verkauft, anschließend wurde es komplett renoviert. Nichts erinnert heute mehr daran, dass ich dort einst gemeinsam mit meiner Mutter und ihren Eltern unter einem Dach gelebt habe. Dieses Haus war nicht nur unsere gemeinsame Heimat, sondern auch die Basis meines späteren unternehmerischen Erfolgs, wobei ich mit meiner langjährigen Definition von »Erfolg« aus heutiger Sicht so meine Schwierigkeiten habe.

Einzig dem Organisationstalent und dem Fleiß meiner Großeltern ist es zu verdanken, dass es dieses Haus überhaupt gibt. Es ist gewissermaßen aus Tonnen von Gemüse und Pilzen erbaut, die sie dreimal in der Woche auf dem Markt vor dem Linzer Südbahnhof verkauften. Anfang der fünfziger Jahre hatten sie sich damit so viel Geld erwirtschaftet, dass sie auf das Grundstück, das bereits seit Mitte der dreißiger Jahre in ihrem Besitz war, ein Haus setzen konnten. Mit dem Einzug 1954 erfüllten sie sich ihren großen Lebenstraum: endlich ein eigenes Haus und dazu die Möglichkeit, eine kleine Landwirtschaft und eine Kleinstgärtnerei zu betreiben, mit Anbauflächen für Tomaten, Gurken und Erbsen sowie einem Schwein, einer Ziege und ein paar Hühnern. Die fand ich immer am spannendsten, weil ich sie jagen und fangen konnte. In Österreich wurden Leute wie meine Großeltern »Häuslleut« genannt. Etwas erreicht zu haben, darauf war vor allem meine Großmutter sehr stolz.

Bis zu meiner Geburt lebten auch meine beiden Eltern in diesem Haus. Bald nachdem ich zur Welt gekommen war, stellte meine Mutter meinen Vater allerdings vor die Wahl: Kind oder Alkohol. Mein Vater war nach allem, was ich über ihn weiß, ein wundervoller, sensibler Mann, aber leider auch ein Quartalssäufer, dem weder meine Mutter noch ihre Eltern ein Kind anvertrauen wollten. Der Alkohol war auch schuld daran, dass meine Eltern bereits Mitte dreißig waren, als sie mich bekamen. Sie hatten lange mit sich und ihrer Beziehung gerungen, sie kämpften sich durch viele Krisen und konnten sich erst spät zu einem gemeinsamen Kind entschließen. Als ich dann endlich da war, fasste sich mein Vater zwar ein Herz und beschloss mir zuliebe, das Trinken sein zu lassen. Er hielt es allerdings nicht lange durch. Kurz nach meiner Geburt wurde er deshalb des Hauses verwiesen. Als ich mich als erwachsener Mann auf die Suche nach ihm machte, weil ich wissen wollte, wer dieser Mann war, dessen Gene ich in mir trage, erfuhr ich von seiner zweiten Frau, dass er an einer Asbestvergiftung gestorben war. Meinen leiblichen Vater habe ich deshalb nie bewusst erlebt.

Dass ich ohne echten Vater groß wurde, habe ich lange Zeit gar nicht registriert. Denn in den Familien meiner wenigen Freunde waren die Väter ohnehin kaum präsent: Sie gingen morgens aus dem Haus, wenn die Kinder noch schliefen, und kamen abends nach Hause, wenn die bereits im Bett waren, und am Wochenende starteten sie ihre Erziehungsversuche, die zum Scheitern verurteilt waren, weil die Kinder ihre Väter ja kaum kannten. So gesehen hatte ich es viel besser als die meisten meiner Altersgenossen: Ich hatte nicht nur eine Mutter als Bezugsperson, sondern auch zwei Großeltern. Vor allem mein Großvater wurde zu einer sehr prägenden Figur für mich. Zu ihm spüre ich bis zum heutigen Tag eine sehr innige Verbindung, und das liegt nicht nur daran, dass er exakt so hieß wie ich.

Karl Rabeder war ein Bär von Mann. Als Heranwachsender hatte er im Hafen von Linz mit seinen bloßen Händen Baumstämme verladen. Groß geworden war er auf einem Bauernhof mit etlichen Schwestern und Stiefschwestern, die gut arbeiten, aber auch gut feiern konnten. Die Rabeders waren eine sehr musikalische Familie. Nach getaner Arbeit setzten sie sich zusammen, auf den Tisch kam eine ordentliche Brotzeit, dann sangen sie Lieder und genossen das Leben. Mein Großvater war ein fröhlicher, zutiefst gütiger Mensch, der es allen recht machen wollte, besonders meiner Großmutter. Er hat mir vorgelebt, sich stets zum Wohle des Großen und Ganzen unterzuordnen und die eigenen Interessen hintanzustellen, selbst wenn man der Größere und Stärkere ist. Er tat dies immer aus einer Position der Stärke heraus, er war ein unerschütterlicher Mann. Müdigkeit oder Traurigkeit gab es bei ihm nie, er sprühte nur so vor Energie. Dass eine solche Haltung auch ihre Schattenseiten haben kann, wurde mir erst später klar. Denn wenn man um des Friedens willen immerzu darauf verzichtet, seine eigenen Bedürfnisse auszuleben, kommt irgendwann der Punkt, an dem man sich eingestehen muss, etwas verpasst zu haben. So war das leider auch bei meinem Großvater.

Mit meiner Großmutter hatte er eine Partnerin an
20 seiner Seite, die in ihrem Leben nichts anderes kannte

als Arbeit, Arbeit, Arbeit. Sich einfach hinzusetzen und die Sonne auf der Haut zu spüren, das war für sie undenkbar. Sie war eine kleine, zähe Person, gegen deren Arbeitsethos sich mein Großvater nicht durchsetzen konnte – oder wollte. Aber das machte im Ergebnis keinen Unterschied. Im Hause Rabeder galt die Regel: »Nur wer arbeitet, kann auch etwas erreichen.« Es war eine richtige Tretmühle, und meine Großmutter war ihre unerbittliche Antreiberin, nicht aus böser Absicht, sondern weil auch sie nicht aus ihrer Haut konnte.

Im Gegensatz zu meinem Opa hatte sie eine sehr schwere Kindheit und Jugend erlebt. Sie war aufgewachsen unter einer alleinerziehenden Mutter, die ihre Kinder nicht durchfüttern hatte können. Also wurde die kleine Johanna, genannt Hanni, zu einer Bauernfamilie gegeben, bei der sie leben und arbeiten sollte. Die pure Idylle. Mit vierzehn Jahren allerdings, es war die Zeit des Ersten Weltkriegs, kam ihre Mutter auf die Idee, sie in ein kleines Hotel nach Enns zu schicken, eine Kleinstadt, 30 Kilometer von Linz entfernt. Sie wurde dort wie eine Leibeigene behandelt, die den Hotelbesitzern gegen freie Kost und Logis jederzeit zur Verfügung zu stehen hatte. Diese Zeit muss eine einschneidende Erfahrung für sie gewesen sein. Sie hatte den Bauernhof verlassen müssen, auf dem sie so glücklich gewesen war und den sie irgendwann einmal hätte erben sollen, weil die Besitzer kinderlos geblieben waren. Und war in einem Leben als Sklavin gelandet. Von da an hatte sie zwei große Sehnsüchte: 21

die nach einem – und sei es noch so kleinen – Bauernhaus und die nach der Normalität eines selbstbestimmten Arbeitslebens.

Als meine Mutter 1928 zur Welt kam, waren die Eltern Mitte zwanzig. Die kleine Gertrud blieb ihr einziges Kind. Meine Großmutter arbeitete zu der Zeit als Hausmeisterin, mein Großvater als Fahrer einer Textilfirma. Dass er später den Zweiten Weltkrieg überlebte, war pures Glück. Man könnte aber auch sagen: Es war im Wortsinne eine Entscheidung seines Bauches. Für den Einsatz als Frontsoldat war er mit seinen 35 Jahren bei Kriegsausbruch bereits zu alt, so kam er zu den Versorgungstruppen, und zwar zu einem Regiment, das schließlich in Stalingrad landete. Kurz davor zog er sich allerdings eine Magenkrankheit zu und wurde in ein Krankenhaus ins deutsche Dillingen eingewiesen, um seine Krankheit auszukurieren. Laut Aussage der Ärzte stand er zu diesem Zeitpunkt kurz vor dem Tod. So blieb ihm der Marsch nach Stalingrad erspart. Noch während seines Krankenhausaufenthalts wurde sein Regiment im berüchtigten Kessel eingeschlossen. Keiner kehrte daraus lebend zurück. Danach kam er auf den Balkan, schleppte in russischer Kriegsgefangenschaft wieder Baumstämme und hungerte aus. Als bloßes Geripp kehrte er nach Kriegsende wieder nach Österreich zurück.

Seine Lebensfreude aber war ungebrochen. Und so machte er sich mit seiner Frau und ihrer gemeinsamen Tochter daran, sich den Traum vom eigenen Haus zu verwirklichen. Auf dem noch unbebauten Grund-

22

stück betrieben sie neben ihrer eigentlichen Arbeit als Hausmeistern und Fahrer bereits ihre kleine Gärtnerei. Weil mein Großvater schon seit jeher ein Freund guten Essens war, wurde er irgendwann darauf aufmerksam, dass ein Arbeitskollege immer mit der leckersten Brotzeit in der Kantine saß. Mit allem, was der Gaumen begehrte: Speck, Wurst und Käse. Er dagegen hatte lediglich seine Butterbrote dabei. Irgendwann fragte er den zwanzig Jahre jüngeren Kollegen: »Du, wie machst du das, dass du immer so eine gute Jaus'n dabeihast?« So nennt man in Österreich eine ordentliche Brotzeit. Der antwortete: »Die gibt mir die Mama mit.« Das reichte meinem Großvater aber als Antwort nicht, also fragte er weiter, wie die Mama sich diese Leckereien denn leisten könne. »Na ja«, sagte der Kollege, »die Mama geht Schwammerl suchen, und manchmal gehe ich mit.« Der Mann berichtete ihm, dass seine Mutter jedes Wochenende in den Wald gehe, die Pilze unter der Woche auf dem Markt verkaufe und damit ein kleines Vermögen verdiene.

Also fuhren die Rabeders fortan ebenfalls fast jedes Sommer- und Herbstwochenende in den Wald, ausgerüstet mit einem Riesenkarton im Rucksack – und kamen oft mit über 50 Kilogramm Pilzen zurück. Weil die damals relativ teuer waren, nahmen wir an einem Wochenende mit dem, was der Waldboden hergegeben hatte, mehr ein als mit der regulären Arbeit einer ganzen Woche. Meine Großeltern haben sich alles, was sie in ihrem Leben erreicht haben, wirklich mit den eigenen Händen erarbeitet.

Die Konstellation, in die ich hineinwuchs, war somit eine, in der jedem der drei eine bestimmte Rolle in meinem Leben zukam. Meine Mutter war meine weibliche Bezugsperson, die ihr Glück davon abhängig machte, dass es mir gutging, und die mir eine Selbstlosigkeit vorlebte, die mir noch einige Probleme bereiten sollte. Mein Großvater war die männliche Bezugsperson, von der ich lernte, dass man auch in Momenten großer Entbehrungen oder Anstrengungen seinen Humor und seine Lebensfreude nicht verlieren darf. Einen besseren, warmherzigeren »Vater« als ihn hätte ich mir nicht wünschen können. Und meine Großmutter war diejenige, die mir den unbedingten Willen zur Arbeit vorlebte und zu der ich zeit ihres Lebens auf Distanz blieb, aus einer Mischung aus Angst und Respekt. Im Grunde ihrer Seele war auch sie ein guter Mensch, doch wegen des vielen Leides, das sie in ihrem Leben hatte ertragen müssen, konnte sie ihr wahres Gesicht nie zeigen, sie war eher verbittert als entspannt.

Ihre Strebsamkeit setzte sich tief in mir fest. Ihrem Vorbild entsprechend habe auch ich lange Zeit mit der Überzeugung gelebt: Der Mensch ist, was er leistet. Wer nichts verdient, »dient« auch nicht. Er hatte für mich keinen Wert. Denn der bemaß sich nach meinem Verständnis allein danach, was sich jemand von seinem Geld leisten konnte. Ich hatte ein streng an materialistischen Kriterien ausgerichtetes Menschenbild verinnerlicht. Es ließ vollkommen außer Acht, dass es neben der materiellen auch noch eine andere Welt gibt.

Doch ich musste es erst selbst leidvoll am eigenen Leib spüren: Wer immerzu darüber nachdenkt, wie er Geld verdienen kann, verliert dabei irgendwann sein Leben aus den Augen. Das Geldkonto mag immer voller werden, doch das Glückskonto füllt sich nicht im gleichen Maße. Im Gegenteil: Es wird immer leerer. Es ist, wenn man so will, eine bloße Umverteilung der Ressourcen, bei der Lebenszeit in Geld umgewandelt wird. Doch das Fatale daran ist: Geld ist eine reproduzierbare Ressource, Zeit dagegen nicht. Was nützt einem ein Vermögen auf der Bank, ein eigenes Haus oder Statussymbole wie ein großes Auto, wenn man sich irgendwann eingestehen muss, dass man vor lauter Arbeit gar nicht mehr dazu kommt, sein Leben zu genießen?

Ich habe zwar schon früh gespürt, dass das, was ich in unserem kleinen Haus in Leonding kennenlernte, nicht alles sein kann, dass es außerhalb dieser kleinen Welt mehr geben muss als Arbeit. Doch weil ich mit dem Bewusstsein aufwuchs, dass es immer etwas zu tun gibt, ganz unabhängig davon, wie viel man auch arbeitet, sollte es noch sehr lange dauern, bis ich mir diese Welt selbst erschließen konnte.

Und es ist ja nicht so, dass mir diese Pilz- und Gemüsewelt nicht auch gefallen hätte. Bereits mit sechs Jahren durfte ich meine Großeltern an schulfreien Tagen und an den Wochenenden auf den Markt begleiten. Das war eine aufregende Sache für so einen kleinen Jungen. Die Gerüche der Gemüse- und Gewürzstände, die Hendlbraterei, die Blumen: Ich durfte mich auf dem ganzen Marktplatz frei bewegen und kam mir vor, als würde ich durch die große weite Welt spazieren. Aus der Perspektive eines sechsjährigen Jungen hat sogar der Südbahnhofmarkt in Linz etwas Exotisches.

Nur eines war eine Qual für mich: das frühe Aufstehen. Um sechs Uhr morgens mussten wir unseren Stand aufbauen, und ich weiß noch, wie ich an solchen Tagen mit verquollenen Augen um fünf Uhr die Treppe hinunterwatschelte und im Auto weiterschlief, begleitet vom rhythmischen Rumpeln unseres kleinen Transporters, der sich bis unters Dach vollgepackt mit Obst- und Gemüsekisten über die Leondinger Schotterpisten auf den Weg nach Linz machte.

Mit dem ersten Kontakt zu einem Kunden war jede Müdigkeit allerdings verflogen. Vielmehr: zu Kundinnen. Es waren vor allem die Damen, die ganz verzaubert waren von mir, diesem blonden, blauäugigen Kerl und seinem Spitzbubencharme. Ob ich ein hübsches Kind war, kann ich nicht sagen. Was ich aber sicher weiß, ist, dass meine Seele gestrahlt hat in solchen Momenten. Ich hatte immer das Gefühl: Die älteren Damen sind ganz verrückt nach mir, wobei »älter« nach meinem damaligen Verständnis schon mit etwa Mitte zwanzig begann.

So half ich meinen Großeltern dabei, die Ware an den Mann und die Frau zu bringen, und zur Belohnung ging es zum Ende eines solchen Markttages in die Konditorei. Das war jedes Mal ein würdiger Abschluss unseres Ausflugs in die Stadt. Als ich mit Anfang zwanzig meine ersten eigenen Geschäfte auf diesem Markt machte, musste ich oft an diesen kleinen Jungen zurückdenken, dessen Augen hell strahlten, wenn er eine Kundin fragte: »Dürfen's vielleicht noch ein paar Tomaten sein?«

An den Tag, an dem mein Großvater starb, kann ich mich noch deutlich erinnern. Es war ein Moment großer Panik und Traurigkeit. Wir waren zu Hause in Leonding, er lag in seinem Bett, und von einem Moment auf den nächsten hörte sein Herz auf zu schlagen. Er hatte schlicht jede Lust zum Weiterleben verloren, nachdem meine Großmutter ein Jahr zuvor gestorben war. Nach einem Schlaganfall hatte sie jahrelang mit einer einseitigen Körperlähmung zu kämpfen gehabt. Die hielt sie allerdings nicht davon ab, gestützt auf einen Stock weiterzuarbeiten. Zum Ende ihres Lebens konnte man den beiden ansehen, dass sie ihren Frieden miteinander gefunden hatten. Es kam deshalb nicht überraschend, dass mein Großvater nach ihrem Tod rapide abbaute. Unsere Versuche, ihn zu motivieren und ihm klarzumachen, dass wir ihn gern weiter unter uns hätten, konnten ihn nicht mehr erreichen. Von der Idee, sterben zu wollen, war er nicht mehr abzubringen.

In den Wochen vor seinem Tod saß ich eines Abends an seinem Bett, der Moment, Bilanz zu ziehen, war gekommen. Und da sagte er zu mir diesen Satz, den ich nie vergessen werde: Manchmal hätte er sich einfach gewünscht, den Tag Tag sein zu lassen, und sich gern in die Sonne gesetzt. Es war die Erkenntnis eines

Mannes Mitte achtzig, der zum Ende seines Lebens einsehen musste, dass er in seinem Leben die Prioritäten manchmal nicht richtig gesetzt hatte bzw. sich die Prioritäten seiner Frau hatte aufzwingen lassen, die beileibe nicht die seinen waren. Diesen Satz behielt ich im Hinterkopf, er war selbst wie eine kleine Sonne, die kontinuierlich ihre Energie verströmte und dafür sorgte, dass ich auch in den Momenten größten Stresses nie vergaß, was das Leben eigentlich erst lebenswert macht: sich ab und zu in die Sonne zu setzen und den Tag Tag sein zu lassen.

Der Erbsenschäler

Seit ich denken kann, bin ich ein Einzelgänger. Das war als Kind so, und daran hat sich bis heute nichts geändert. Es war mir immer wichtiger, tun zu können, wonach mir der Sinn stand, als Teil einer Gruppe zu sein. Das bedeutet nicht, dass ich unbeliebt gewesen wäre. Ich habe eine beschauliche Kindheit in Leonding erlebt und hatte immer Freunde, mit denen ich durch die Natur gelaufen bin. Zwar nicht viele, dafür aber umso engere. Wir haben gemeinsam Staudämme errichtet, sind auf Bäume geklettert und haben Baumhäuser gebaut. Das Leben in dieser überschaubaren Welt war heil und unberührt – etwa 8000 Menschen wohnten verstreut über die gesamte Gemeinde. Mir gab sie das Gefühl, inmitten eines riesigen Spielplatzes aufzuwachsen.

Dass ich mich nur ungern einer Gruppe anschloss, lag daran, dass ich die typische Kindheit eines Einzelkindes durchlebte. Für meine Mutter war ich der Mittelpunkt ihrer Welt. Sie zwang mich zu nichts, gemacht wurde stets, was sich der kleine Karl gerade in den Kopf gesetzt hatte. Sie traute mir schon früh eigene

Entscheidungen zu, die auch nie überstimmt wurden. Und weil der kleine Karl beispielsweise nicht in den Kindergarten wollte, blieb er eben daheim bei der Mutter und den Großeltern. »Karl«, wird sie gefragt haben, »magst in den Kindergarten?« – »Naa, net in den Kindergarten«, werde ich ihr wohl geantwortet haben. Damit war die Sache klar. Das hat meine Bereitschaft, mich in Gruppen zu integrieren, nicht gerade gefördert und mich zu einem scheuen und zurückhaltenden Kind werden lassen.

Als ich drei oder vier Jahre alt war, passierte etwas, das mein Dasein als Einzelgänger zusätzlich verstärkte. Mein Geburtstag stand an, und meine Mutter dachte, dass es eine gute Idee sei, die anderen Kinder aus der Umgebung einzuladen. Wenn ich schon nicht in den Kindergarten ging, sollte ich trotzdem Anschluss finden. Sie hatte sich das alles so herzig vorgestellt: Wir würden alle gemeinsam einen herrlichen Nachmittag zusammen verbringen, mit meinen Spielsachen spielen und uns am Abend vor Freude in den Armen liegen, weil es so nett gewesen war. Also schmierte sie Brote und stellte Säfte bereit. Kurz bevor die Gäste eintrafen, hatte sie einen hübschen Partyparcours eingerichtet, mit der Verpflegungsstation in der einen Ecke und einer Spielstation in der anderen. Ich weiß noch, wie aufgeregt ich war. Ich würde die ganze Zeit im Mittelpunkt stehen – das war mir sehr unheimlich. Keine zwei Stunden später sah unser Haus aus wie eine Wiese, über die eine Kuhherde getrampelt war.

Dass der gut gemeinte Einfall meiner Mutter nicht aufgehen würde, war schon wenige Minuten nach Eintreffen der geladenen Kinder offensichtlich. Wie die Hunnen machten sie sich über das Buffet her. Als alles leer gefuttert war, knöpften sie sich meine Spielsachen vor. Von mir nahm niemand groß Notiz. Als jeder Knopf gedrückt, jede Klappe bewegt und jedes Rad gedreht war, verloren sie schlagartig jegliches Interesse an meinem Geburtstag. Es war meinen Gästen einzig und allein darum gegangen, sich selbst zu vergnügen, und als es nichts mehr gab, womit sie sich hätten weiter vergnügen können, wollten sie nach Hause.

Sie benahmen sich wie Kinder, die sich so lange über Weihnachten freuen, solange man Geschenke aufreißen kann, und dann, wenn das letzte Geschenkpapier zerknüllt in der Ecke liegt, sagen: »Schade, jetzt ist Weihnachten schon wieder vorbei.« Wenn man so will, war das meine erste Erfahrung mit der Konsumgesellschaft, die nichts anderes im Sinn hat, als das zu verbrauchen, was man ihr vorsetzt. Dass sie doch eigentlich nicht wegen der Brote und Säfte eingeladen waren, sondern wegen meines Geburtstags, war dieser Horde völlig egal, sie hatten keinerlei Bedürfnis nach Kontakt mit mir verspürt. So weit habe ich damals natürlich noch nicht gedacht. Woran ich mich aber erinnern kann, ist, wie unglücklich ich anschließend inmitten des Chaos' saß. Danach hatte ich nur einen Geburtstagswunsch: nie mehr Geburtstag haben zu müssen.

Mit zunehmendem Alter spürte ich immer deutlicher, dass ich noch keinen rechten Platz in der Welt hatte. Zu Hause fehlte es mir zwar an nichts, meine Wünsche waren ja meist schon erfüllt, kaum hatten sie meine Lippen verlassen. Aber auch das konnte nichts daran ändern, dass ich mir oft etwas verloren vorkam. Wenn ich in meinem Zimmer saß, hörte ich manchmal die anderen Kinder, die unten auf der Straße gemeinsam Fußball spielten oder Rad fuhren, und so wenig ich mich an dem beteiligen wollte, was sie taten, so wenig fand ich mich in meinem eigenen Leben zurecht.

Umso wohler fühlte ich mich in der Welt, die ich mir in meiner Fantasie erschloss. Dort konnte ich genau der sein, der ich sein wollte, vor allem aber genau dort, wo ich sein wollte. In meinen Träumen fand ich einen Ort, an dem ich mich besonders wohlfühlte, einen Ort, den ich wirklich als meine Heimat bezeichnen konnte, der für mich so natürlich war, als wäre ich immer schon dort gewesen: die Luft.

In meiner Fantasie stellte ich mich aufs Fensterbrett und flog davon. Ganz sanft glitt ich mit eng anliegenden Armen durch die Luft. Wenn ich steigen wollte, musste ich nur einen Schlag mit meinen Beinen machen und stieg mühelos nach oben, wie ein Delfin im Wasser. Ich schwebte über die Dächer von Leonding und sah die Menschen weit unter mir, die wie kleine Ameisen durch die Straßen liefen. Solche Träume hatte ich nachts wie tagsüber, wenn ich schlief genauso wie im wachen Zustand. Um ein Haar wäre ich aus einem solchen Traum gewaltsamer herausgerissen worden, als es mir gutgetan hätte.

Es war ein sonniger Nachmittag, als ich in meiner Fantasie zum Fenster ging und wie gewohnt auf die Fensterbank stieg – als Tagtraumflieger hatte ich ja schon eine gewisse Routine. Doch auf einmal bemerkte ich, dass bei diesem Mal etwas anders war. Ich spürte, wie mir ein Lufthauch ins Gesicht wehte, ganz leicht zwar, aber deutlich wahrnehmbar. Den hatte es in meinen Träumen sonst nie gegeben. Dann sah ich nach unten und dachte mir: »Komisch, das sieht heute viel bedrohlicher aus als sonst.« Kurz darauf erwachte ich aus meinem Tagtraum und sah, dass ich tatsächlich drauf und dran war, aus dem Fenster zu fallen. Ich saß auf der Fensterbank wie auf einem Pferdesattel, ein Bein baumelte bereits im Freien. Mein Tagtraum hatte sich so weit verselbstständigt, dass ich zunächst gar nicht bemerkt hatte, wie mein Körper ihm willenlos gefolgt war. Der Lufthauch hatte mich glücklicherweise darauf aufmerksam gemacht.

Ohne ihn wäre ich vermutlich kurz darauf auf dem Beton aufgeschlagen, und meine federleichten Flüge hätten ein tragisches Ende genommen. Vorsichtig stieg ich von der Fensterbank, mir zitterten noch die Knie, als ich wieder auf meinem Bett saß. Der Blick nach unten hatte mir einen großen Schrecken eingejagt. Es ist kurios: Ich bin absolut nicht schwindelfrei, jedenfalls solange ich auf meinen Beinen stehe. Denen vertraue ich viel weniger als meinen Flügeln. Noch heute kann ich mich auf keinen Turm stellen oder von einer Bergkante in die Tiefe blicken, ohne es sofort mit der Angst zu tun zu bekommen. Wenn ich mit dem Segel- 33 flugzeug oder Gleitschirm unterwegs bin, dann kann es mir gar nicht hoch genug hinausgehen.

Je älter ich wurde, desto weniger Gelegenheit hatte meine Fantasie, sich in die Luft zu schwingen. Auch ich hatte meinen Teil zu den Erträgen unserer Gärtnerei beizutragen, meine Großmutter musste keine großen Worte finden, um mich zur Arbeit zu bewegen. Ich traute mich genauso wenig wie mein Großvater und meine Mutter, ihr zu widersprechen. Einfache Tätigkeiten wie Tomatenpflücken oder Gurkenabschneiden konnte ich schon übernehmen. Eine riskante Tätigkeit hingegen war das Ernten der Erbsenschoten, denn die habe ich geliebt. Meine Quote als Erbenschäler war deshalb miserabel: Ich habe zwei, drei Schoten geerntet und eine geöffnet, um ihren Inhalt sofort in meinem Mund verschwinden zu lassen. Erbsen blieben das einzige Gemüse, bei dem ich eine Art Sonderrecht hatte. Als meine Großeltern merkten, wie gut mir die schmeckten, entschieden sie, die dann eben nicht zu verkaufen. Und Erbsen esse ich heute noch gern, genauso wie Tomaten.

Alles andere Grünzeug kann ich dagegen nicht ausstehen. Denn es war bei uns üblich, dass alles, was vom Markt übrig blieb oder nicht die notwendige Qualität hatte, bei uns auf den Tisch kam. Also konnte es passieren, dass es eine Woche lang jede denkbare Variation von grünem Salat gab, mit Kartoffeln, ohne Kartoffeln. Mit mehr Dressing, mit weniger Dressing. Und dazu vielleicht noch Semmelknödel. Und wenn der Kohlrabi nicht verkauft wurde, wurde er als Suppe oder mit Bröseln serviert. Irgendwann wuchs mir das Gemüse zu den Ohren hinaus. Umso mehr Mühe gab ich mir deshalb, es an den Markttagen zu verkaufen.

Ein paar Jahre nach dem Start meiner Karriere als Gemüseverkäufer begann meine Laufbahn als Trainer. Zu den wenigen echten Freunden, die ich in meiner Kindheit hatte, gehörte Klaus. Ein Junge, der wie ich keine große Gruppe um sich brauchte, um glücklich zu sein. Wir waren zwei Menschen, deren einzige Gemeinsamkeit darin bestand, gern allein zu sein. Manchmal waren wir beim Alleinsein eben zu zweit. Mit ihm machte ich gewissermaßen meine erste Erfahrung als Coach, ich war vielleicht acht Jahre alt. Klaus war im Gegensatz zu mir recht sportlich und fuhr gern Rollschuh. Ich dagegen machte mir wenig aus körperlicher Ertüchtigung, meine Sportarten waren Tomaten- und Gurkenpflücken in der Gärtnerei meiner Großeltern, wenn ich musste, und Hühnerfangen im Garten unseres Hauses, wenn ich wollte.

Eine Lieblingsbeschäftigung von uns beiden war eine Art Mutprobe auf acht Rädchen: Direkt vor dem Wohnhaus von Klaus' Eltern verlief der Gehweg steil bergab und mündete am Ende in eine Neunzig-Grad-Kurve. Klaus wollte herausfinden, aus welcher maximalen Höhe er auf seinen Rollschuhen starten konnte, um unten noch heil um die Kurve zu kommen. Meine Aufgabe war die des Beobachters, denn ich sagte mir: Nicht böse sein, aber Rollschuhlaufen – das ist nichts für mich. Und mir am Ende die Haxen brechen noch viel weniger. Außerdem bemerkte ich schon damals, dass es mir mehr Spaß machte, einen anderen auf seinem Weg anzuleiten. Und das ist in diesem Fall wörtlich zu verstehen: Ich beobachtete Klaus auf seinen waghalsigen Abfahrten. Ich achtete darauf, wie es ihm bei dem, was er sich vorgenommen hatte, erging, und ob er sich zu viel oder zu wenig zugetraut hatte. Damit haben wir viele Nachmittage zusammen verbracht.

Eines Tages hatte ich etwas daheim vergessen, und weil ich nur meinen Tretroller dabeihatte, nahm Klaus kurzerhand sein Fahrrad und fuhr los. Bald darauf hörte ich einen Knall, und mir war sofort klar, dass Klaus von einem Auto angefahren worden war. Wie ich später erfuhr, war er auf die Straße gefahren, ohne auf den Verkehr zu achten. So hatte er das Auto schlicht übersehen, das in ihn hineinfuhr. Normalerweise hatte er ja mich, der aufpasste, dass die Bahn frei war. Der Anblick des stehenden Autos und der danebenliegenden Gestalt versetzte mich in eine solche Panik, dass ich davonrannte.

Ich war mir sicher, Klaus würde diesen Nachmittag nicht überleben. Für meine Begriffe hatte ich sein Leben auf dem Gewissen, ich hatte ihn umgebracht. Erst nach vielen Stunden war ich in der Lage, nach Hause zurückzukehren. Dort erfuhr ich, dass Klaus ins Krankenhaus gebracht worden war. Diagnose: nichts weiter als ein paar kleine Kratzer, die schnell behandelt waren. Zwei Stunden später durfte er das Krankenhaus schon wieder verlassen. Trotzdem hatte ich an

36 meiner Panik und der Reaktion auf diesen Unfall noch

lange zu knabbern. Letztlich zerbrach auch unsere Freundschaft daran.

Was dagegen bis zum heutigen Tag überdauert hat, ist meine Lust, anderen dabei zu helfen, ihre Potenziale zu erkennen und sie zu wecken. Klaus war genauso ein guter Klient wie ich ein guter Coach: Er hatte den nötigen Mut und die Fähigkeit, sich auf Rollschuhen den Berg hinunterzustürzen. Ich sah, wie er sich an seine Grenzen herantastete, und half ihm dabei, sie auszureizen, ohne dabei aus der Kurve zu fliegen.

Ich bin überzeugt: Wie Klaus hat jeder Mensch alles Notwendige bereits in sich, um zu schaffen, was er wirklich will. Die Fähigkeiten und Anlagen, die er dafür braucht, liegen aber womöglich so tief in ihm verborgen, dass er sich ihrer gar nicht bewusst ist. Ein guter Coach ist jemand, der wie ein Geburtshelfer agiert: Er fördert das zutage, was jemand in sich trägt, und hilft dabei, es zur Welt zu bringen. Was er dagegen nicht kann, ist, jemandem etwas einzureden zu versuchen, was der andere gar nicht in sich trägt. Nicht die fehlenden Fähigkeiten sind das Problem, wenn etwas dauerhaft nicht gelingen mag, sondern der falsche Wille.

Die Reifung

Wodurch lernt der Mensch? Indem er immer wieder erzählt bekommt, was das Richtige für ihn sei, wie er sich in dieser Situation zu verhalten und was er in jener besser zu unterlassen habe? Oder indem er etwas vorgelebt bekommt, was er dann automatisch verinnerlicht? Für mich ist die Antwort eindeutig: Ich glaube, dass Menschen nicht so sehr von dem geprägt werden, was sie hören, sondern von dem, was sie vorgelebt bekommen. Denn das wird für sie zur Realität.

Ich kann mich nicht an viele Gespräche aus meiner Kindheit und Jugend erinnern. Umso deutlicher aber blieb in mir haften, dass es ganz normal war, jede freie Minute mit Arbeit zu verbringen. Das habe ich sowohl bei meinen Großeltern als auch bei meiner Mutter erlebt: Wenn sie nachmittags um vier Uhr von ihrer Dreivierteltags-Beschäftigung nach Hause kam, war klar, dass sie nach dem Umziehen als Nächstes in den Garten ging und dort weiterarbeitete, bis es dunkel wurde.

Meine Mutter war Sekretärin und Tourorganisatorin in einem Großhandel für Tischlereifachbedarf, ausgestattet mit einer sehr guten Organisationsgabe und der Fähigkeit, Menschen zu führen. Sie hat die Auslieferung mit fünfzehn Fahrern und einigen Lagermitarbeitern fast im Alleingang geschmissen und war eindeutig die Herrin im Haus, da gab es keine Widerrede. Und wenn, ist sie so dazwischengefahren, dass der Staub durch die Luft wirbelte.

Zu Hause aber war sie ein ganz anderer Mensch. Sie war eine wahrhaft selbstlose Frau, die ihre ganze Energie darauf verwandte, dass es anderen gutging, ganz besonders mir. Sie opferte über fünfzehn Jahre ihres Lebens einzig dafür, ihren Sohn wunschlos glücklich zu machen. Abends und an den Wochenenden ging sie kaum noch aus, abgesehen von einer relativ kurzen Beziehung hatte sie nach meinem Vater keinen Mann mehr. Ich war der einzige wirklich wichtige Lebensinhalt für sie. Sie hatte nur beste Absichten, als sie mein Leben in den Mittelpunkt ihres Daseins stellte. Sie wollte mir eine Umgebung schaffen, in der es mir an nichts mangelte und die mir die bestmöglichen Entfaltungsmöglichkeiten bot.

Ihre Eltern, vor allem ihre eigene Mutter, hatten bei ihrer Erziehung noch eine andere Strategie verfolgt, eine, die ganz Ausdruck der damaligen Zeit war: Kinder mussten gehorchen, sie waren umstellt von Verboten und hatten dem zu folgen, was die Erwachsenen ihnen befahlen. Meine Mutter dagegen wollte mir eine schier unbegrenzte Freiheit ermöglichen, es war so gut wie alles erlaubt und nichts verboten. Doch im Bemühen, mir jeden Mangel vom Leib zu halten, sorgte sie, ohne es zu wollen, dafür, dass es mir irgendwann an etwas Wichtigem mangelte, was ein Heranwachsender braucht: eigene Grenzen zu ziehen und die anderer wahrzunehmen und wertzuschätzen.

Als ich sieben Jahre alt war, sah im Hause Rabeder – nach der Scheidung von meinem Vater hatte auch meine Mutter diesen Namen wieder angenommen – ein typischer Morgen so aus: Mama fuhr in der Früh zur Arbeit, mein Großvater machte sich mit seinem Kurierfahrzeug auf den Weg, und meine Großmutter begann mit der Arbeit im Garten. Kurz darauf marschierte ich gemeinsam mit Franzi und seiner Schwester Heidi, zwei Kindern aus unserer Nachbarschaft, in die Volksschule.

Zwischen unseren Häusern und der Schule lag ein knapper Kilometer Fußweg. Wir gaben ein Bild ab wie in einem Heimatfilm in Technicolor: Der Franzi und ich trugen Hemden und Wollpullis, Hosen bis knapp über die Knie sowie Strümpfe und Sandalen aus Leder, die Heidi ein langes Kleid. Und alle drei hatten wir je einen Lederranzen mit schmalen Riemen auf dem Rücken.

Ich war ein guter, allerdings auch sehr ruhiger Schüler. Ob ich während des Unterrichts im Klassenzimmer war oder nicht, fiel meistens nicht weiter auf. Ich saß also auf meinem Platz und träumte davon, durch die Luft zu fliegen, gelegentlich auch mit geschlossenen Augen. Bei einem Elternsprechtag sagte die Klassenlehrerin Frau Kotbauer, eine ganz entzückende Person, in die ich heimlich verliebt war, meiner Mutter: 41

»Karl müsste nur den Mund aufmachen, er weiß ja eigentlich alles. Doch meistens sitzt er da und sagt kein Wort.« Meine Mutter unternahm anschließend keinerlei Versuche, mich zu einer regeren Teilnahme am Unterricht zu überreden. Ich dachte mir: Es gibt doch genug andere, die den Mund aufmachen. Dass viele von ihnen nichts sagten, weil sie die Antworten auf die Fragen der Lehrerin nicht wussten, ahnte ich noch nicht. Und schwieg weiter.

Ohne es zu wollen, geschweige denn etwas dafür getan zu haben, zog ich die Bewunderung der gertenschlanken, groß gewachsenen Christa auf mich, eines Mädchens aus der Nachbarschaft, das sich in mich verschossen hatte. Mit wie viel Hartnäckigkeit sie mir ihre Aufmerksamkeit zu schenken versuchte, nötigt mir heute großen Respekt ab. Denn vier Jahre lang versuchte ich, mich ihr so gut wie möglich zu entziehen. Ich, der scheue Bub und Tagträumer, hatte nicht das Gefühl, viel wert zu sein, und konnte deshalb nicht damit umgehen, dass mir jemand einen Wert beimaß, den ich selbst bei mir nicht erkennen konnte.

Eines Tages sollten wir zum Beispiel ein Ölkreidebild malen, das anschließend von der Lehrerin kunstvoll zerschnitten wurde, um daraus einen Lampion zu basteln. Doch so zufrieden ich mit meinem Bild auch war: Die Lehrerin hatte sich leider verschnitten, der Lampion zerfiel in zwei Teile. Christa schenkte mir daraufhin ein Bild, das sie extra für mich gemalt hatte. Aus dem machte die Lehrerin anschließend einen zweiten Lampion. Doch ich verschmähte ihn und erklärte, er sei viel hässlicher als meiner, wenn ihn die Lehrerin nicht zerstört hätte. In Wahrheit war mir diese Geste hochpeinlich: Dass sich ein Mädchen so sehr für mich interessierte, dass es mir etwas zu schenken bereit war, dessen Anfertigung viele Stunden gedauert hatte – das war zu viel für mich.

Trotz meines beharrlichen Schweigens waren meine Noten am Ende der Volksschulzeit gut genug, um aufs Gymnasium zu wechseln. Mein Ziel war das Abitur oder, wie es in Österreich heißt, die Matura. Von Haus aus hatte ich eigentlich einen großen Ehrgeiz, von meiner Großmutter hatte ich ja gelernt, dass nur aus dem etwas wird, der auch etwas leistet. Doch die Lehrer der neuen Schule machten es uns nicht gerade einfach, dort Fuß zu fassen. Meine Mutter hatte für mich ausgerechnet das Gymnasium ausgesucht, das in ganz Linz als die beste, aber auch als die strengste Schule galt, auf diesen Ruf waren die Lehrer offenbar sehr stolz. Von Beginn an ließen sie keinen Zweifel daran, dass für uns das beschauliche Leben nun vorbei war: »Ihr habt vier ruhige Jahre hinter euch«, hieß es zur Begrüßung, »stellt euch am besten gleich darauf ein, dass hier alles anders laufen wird.« – »Wunderbar«, dachte ich mir, »da macht das Lernen ja gleich doppelt so viel Spaß.«

In mir baute sich von Anfang an eine starke Protesthaltung auf, auch weil die Lehrer dieser Schule typische Vertreter ihres Fachs waren. Ihr Unterricht orientierte sich streng an den Vorgaben, für viele schien die Devise zu gelten, dass man schlagartig blind wird, 43 wenn man zu weit über den Rand der eigenen Brille hinausschaut. Getan wurde, was der Lehrplan vorschrieb, ohne die kleinste Abweichung. Vorschrift ist schließlich Vorschrift! Die Schule als Exerzieranstalt, in die anfangs junge Menschen von unterschiedlichstem Charakter hineingesteckt werden, um sie acht Jahre später als gleichförmige Erwachsene auszuspucken – so hatte ich mir den Schritt hinaus aus unserem kleinen Dorf nicht vorgestellt.

Doch aus heutiger Sicht muss ich leider feststellen: Meine damalige Schule war keine Ausnahme. Sie war nur Ausdruck unseres Erziehungssystems, wie es bis heute überdauert hat. Es ist darauf ausgerichtet, Menschen schon in jungen Jahren einzutrichtern, dass es enge Systemgrenzen gibt und sich jedes Individuum innerhalb dieser Grenzen einzurichten hat. Lehrer verstehen sich als diejenigen, die den Kleinen erst mal erklären müssen, dass der Spaß jetzt vorbei ist und der sogenannte Ernst des Lebens beginnt. Warum das Leben aber plötzlich ernst werden soll, nur weil man langsam erwachsen wird, ist mir bis heute ein Rätsel.

Eine Folge dieser Haltung ist dann aber nicht nur, dass viele Jugendliche die Schule als etwas begreifen, was gar keinen Spaß machen darf, sondern auch von früh auf lernen, dass sie nicht mehr auf das zu achten brauchen, was ihnen gefällt und Freude bereitet, denn das spielt ja keine Rolle. Es geht nur noch darum, Regeln zu befolgen, Leistung zu bringen und den Anforderungen zu genügen, die die Lehrer definieren. Mein

Verdacht ist, dass sich dieses System nicht zufällig so entwickelt hat. Letztlich soll es regier- und beherrschbare Bürger produzieren, die ihre Lebensfreude in erster Linie im Konsum finden.

Für mich war es bald, aber nicht nur der Lehrer wegen, vorbei mit der Idylle. Wo Jugendliche im Rudel auftreten, stürzen sie sich gern auf diejenigen, deren Jagd am meisten Spaß macht, erst recht auf einem reinen Bubengymnasium. Einer davon war ungeschickterweise ich. Das lag nicht daran, dass ich in der neuen Klasse der Kleinste gewesen wäre, körperlich lag ich im Durchschnitt. Nein, meine Mitschüler hatten in mir vielmehr ein Opfer gefunden, das sich schlicht weigerte zu kämpfen. Ich wusste ja gar nicht, wie das geht: mich zu verteidigen, mich gegen andere durchzusetzen, ihnen Grenzen aufzuzeigen. Daheim war das nicht notwendig, und in der Volksschule von Leonding war die Welt noch in Ordnung gewesen. Und gerade weil ich nicht der Schwächste war, gab ich wahrscheinlich ein so attraktives Ziel für ihre Hänseleien ab.

Jemanden zu ärgern, der sich nicht wehren kann, ist langweilig. Um wie viel reizvoller ist es dagegen, jemanden zu triezen, der sich nicht wehren will. Es ist dann immer ein Spiel mit dem Feuer, weil man nie sicher sein kann, ob nicht doch irgendwann der Punkt erreicht ist, wo ihm der Kragen platzt. So verschwanden gelegentlich Sachen von meinem Tisch, Mitschüler rissen mir auf dem Nachhauseweg die Mütze vom Kopf und schmissen sie ins offene Feld. Lauter Kleinigkeiten, mit denen sie mich provoziert haben, doch ich empfand sie als große Demütigungen.

Und doch tat ich ihnen nicht den Gefallen, aus der Haut zu fahren. Ich ließ jede Gemeinheit stoisch über mich ergehen und verweigerte jede Gegenwehr. Ich wusste ja, dass die Welt wieder in Ordnung war, wenn ich die Gartentür in Leonding hinter mir zuzog. Wenn ich nach Hause kam, versorgte mich meine Großmutter mit dem Mittagessen, danach machte ich die Hausaufgaben, anschließend ging mein Großvater mit mir in den Stall. Hier war ich sicher, hier gab es niemanden, der mir etwas Böses wollte. Doch weil es deshalb auch niemanden gab, der mir hätte zeigen können, wie man Widerstandskräfte entwickelt, lebte ich wie unter einer Glasglocke, in der gänzlich andere Regeln galten als außerhalb. Erzählte ich meiner Mutter am Abend vor dem Einschlafen davon, was den Tag über in der Schule vorgefallen war, nahm sie mich in den Arm und tröstete mich.

Immer mehr wanderte ich in die innere Immigration ab. Den Unterricht nahm ich oft kaum noch wahr. Mit meinem Sitznachbarn, mit dem ich mich gut verstand, konzentrierte ich mich vielmehr auf taktische Kriegsspiele, die wir mit Papier und Stift ausfochten. Wir malten Truppen und überlegten uns, wie wir die des Gegners am besten vernichten konnten. Manchmal stellten wir diese Übungen an den Nachmittagen auch auf dem Wohnzimmerboden nach: Dort verteilten wir Bodenschätze und Soldaten auf die einzelnen Länder und ließen sie aufeinander losmarschieren. Latein, Geschichte oder Musik verloren für mich in dieser Zeit vollkommen an Bedeutung, wichtig war vielmehr jeden Tag aufs Neue, wer den Krieg gewann.

Im Alter von vierzehn Jahren kam es deshalb zum Unvermeidlichen: Mein Aufstieg in die nächsthöhere Klasse war gefährdet. Die Abschlussnote in Mathematik war zu schlecht, als dass ich damit hätte durchkommen können. Also musste ich mich einer sogenannten Entscheidungsprüfung stellen. In den Tagen davor verwandte ich wenig Mühen auf die Vorbereitung für diese Prüfung, weil ich mir dachte: Jetzt kannst du ohnehin nicht mehr viel ausrichten. Ich sah ein paar meiner Unterlagen durch, das war's.

Als ich vor der Tafel stand, stellte mir der Lehrer eine Aufgabe. Meine erste Reaktion war: »Das ist aber nett, dass Sie mir das Leben so leicht machen.« – »Ja«, antwortete er nach der richtigen Lösung, »das war der einfachere Teil, jetzt kommt der zweite.« Der war das genaue Gegenteil von leicht, es war eine Mördergleichung. Und trotzdem gelang es mir relativ schnell, die Lösung an die Tafel zu schreiben, ohne lang herumzurechnen. Mir war beim Aufschreiben schon klar, wie diese Aufgabe zu lösen sein würde. Intuitiv, ohne lange darüber nachdenken zu müssen. Danach saß mein Mathematiklehrer da und schwieg, minutenlang.

Ich hatte schon Sorgen, dass er mir nun gleich sagen würde, dass es so auf gar keinen Fall gehen würde. Wenn ich den Lösungsweg nicht notieren könne, sei ich durchgefallen. Irgendwann, nachdem die Sorgenfalten immer tiefer geworden waren, sagte er aber: »Ja, so kann man das auch lösen. Es ist wohl anders, als wir es im Unterricht gelernt haben, aber es funktioniert.« Und ich kam ein Jahr weiter.

Diese Episode zeigte mir schon damals, dass es keinen Sinn hat, sich die Beine auszureißen. Sondern dass es manchmal schlauer ist, loszulassen und sich auf sein Geschick zu verlassen, als sich zu versteifen. So entdeckte ich auch meine Liebe zur Mathematik, weil sie einem ermöglicht, anders zu denken, solange am Ende das Richtige herauskommt. Dann ist es egal, ob der Lösungsweg der erlernte ist oder der kreativere.

Die vierte Gymnasiumsklasse folgte. Die Papierschlachten im Unterricht wurden immer häufiger und die Noten in Mathematik und Latein mangels geistiger Anwesenheit immer schlechter. Als ich in den Lateinarbeiten nur noch auf zwei von fünfzig Punkten kam, war klar, dass etwas passieren musste. Die Lehrer gaben sich keine Mühe, Leute wie mich für den Unterricht zu motivieren. Ihre Haltung war: Wem es hier nicht passt, der kann ja auf die Hauptschule gehen, keiner wird gezwungen, hierzubleiben. Zu dieser Zeit kam der Wunsch in mir auf, selbst Lehrer zu werden. Ich war überzeugt, dass ich es besser machen würde als diejenigen, die Tag für Tag vor uns an der Tafel standen und uns mit ihrer »Vorschrift ist Vorschrift«-Haltung auf die Nerven gingen. Bei mir würden die Schüler mit einem Lächeln im Unterricht
48 sitzen.

Doch es war offensichtlich, dass ich auf dieser Schule keine Zukunft mehr hatte und es mir unmöglich war, dort mein Abitur abzulegen. Also machte sich meine Mutter auf die Suche nach einer Alternative und fand sie schließlich in einem katholischen Institut, im »Oberstufen-Realgymnasium der Diözese Linz«. Dieses Gymnasium war eine relativ kleine Schule: drei Parallelklassen, die Schüler zwischen vierzehn und achtzehn Jahren alt, ein musischer und ein naturwissenschaftlicher Zweig. Weil ich mich für Naturwissenschaften interessierte, schien diese Schule die beste für mich zu sein. Doch würde ich mit den Lehrern dort zurechtkommen?

Jeder Bewerber musste zunächst persönlich beim Direktor vorsprechen, das fand ich toll. In diesem Gespräch sagte ich gleich zu Beginn: »Ich halte es für sehr unwahrscheinlich, dass Sie mich aufnehmen mit meinen schlechten Noten. Aber wissen Sie: Die Schule, auf die ich im Moment noch gehe, ist furchtbar.« Ich sprach nicht viel in dieser Zeit, aber wenn ich den Mund aufmachte, dann unverblümt und direkt.

Gott sei Dank stieß ich damit beim Direktor auf offene Ohren. Nein, meinte der, er sehe da keine Probleme. Latein beginne ohnehin von vorne, das eine »Ungenügend« im Zeugnis sei deshalb kein Hindernis. Wenige Tage danach landete seine Zusage im Briefkasten. Ich erklärte meinem bisherigen Lateinlehrer, dass er es mir bitte nicht übelnehmen möge, aber ich würde seinen Unterricht von nun an komplett ignorieren. »Tun Sie, was Sie für richtig halten«, antwortete er nur, »aber die Arbeiten müssen Sie trotzdem mitschreiben.« Also gab ich in den noch verbleibenden Monaten nur noch Blätter ab, auf denen nichts anderes als mein Name stand. Die Lehrer dieser Schule behielten mich weiß Gott nicht in guter Erinnerung – ich sie aber auch nicht.

Vielen Lehrern kann man vermutlich gar keinen Vorwurf aus ihrer eigenen Lustlosigkeit machen, sie haben darunter mit Sicherheit genauso zu leiden wie ihre Schüler. Vielleicht machen sie sich am Anfang wenig Gedanken darüber, was sie erwartet, wenn sie sich für das Lehramtsstudium entscheiden. Oft steht nicht die Motivation im Vordergrund, junge Menschen auf einem Stück ihres Lebensweges zu begleiten, sondern das Interesse für einen bestimmten Stoff. Beim einen sind es mathematische Formeln, beim anderen vielleicht die Punischen Kriege und beim Dritten die Ursachen der Kontinentaldrift.

Dann geraten sie während der Ausbildung in ein System, das sich weniger um ihre pädagogischen Fähigkeiten kümmert als darum, abfragbares Wissen zu vermitteln, das in Lehrpläne gegossen werden kann. An sich spannende Themen werden in zähen Schulstoff verwandelt, der sich in Schularbeiten reproduzieren lässt, für die es dann Noten gibt. In einem solchen System ist die persönliche Entfaltung extrem schwierig. Und das kann keinen Spaß machen, weder den Schülern noch den Lehrern.

Nach meinem Verständnis sollte auch ein Schullehrer ein Geburtshelfer sein und ein Klassenzimmer damit nichts anderes als ein Kreißsaal. Der Schulstoff ist nur Mittel zum Zweck. Jeder Mensch hat in sich eine bestimmte Begabung und gewisse Interessen. Der eine hat einen Hang zu Naturwissenschaften, der andere zur Kunst, der eine interessiert sich für Geschichte und der andere für Sprachen. Diese Interessen gilt es zu wecken und in Begeisterung für eine Sache umzuwandeln. Dann fangen die Menschen von ganz allein an, Engagement und Leidenschaft zu entwickeln. Nebenbei kommen unter dem Strich so auch bessere Noten heraus, die sowohl den Schülern als auch den Lehrern Freude machen.

Es hat dagegen keinen Sinn, den Schülern mit immer größer werdender Verbitterung einzuhämmern, wie wichtig doch eine gute Schulbildung sei. Wenn die Schüler dabei immerzu das Gefühl haben, nicht für das Leben zu lernen, sondern nur für die Noten, wird man sie mit solchen Appellen nicht erreichen.

Damit sind wir wieder bei der Ausgangsfrage dieses Kapitels: Wie lernt der Mensch? Eine weitere Antwort auf diese Frage lautet: nicht durch Zwang, sondern nur durch Freude. Nur durch sie kann Eigeninitiative entstehen. Ein System dagegen, das mit Freude wenig anzufangen weiß, weil man für Freude und Begeisterung keine Zensuren vergeben kann, tut sich naturgemäß schwer, in Schülern die Lust am Lernen zu wecken. Und wenn dann noch Lehrer mit der Haltung in den Unterricht gehen, dass die Schüler froh sein können, von ihnen unterrichtet zu werden, kann man die Schulen eigentlich gleich ganz dichtmachen. Es ist genau umgekehrt: Die Lehrer sollten glücklich darüber sein, dass sie junge Menschen auf einem Stück ihrer Weges begleiten dürfen.

Doch mit diesem Bewusstseinswandel allein wäre das Problem noch nicht gelöst. Wer das Abitur in der Tasche hat, hat damit dem Wort nach ja seine Reifeprüfung abgelegt. Doch kann man wirklich von »Reife« sprechen, wenn jemand die Welt nur aus Büchern kennt, erklärt von jemandem, der die Welt selbst hauptsächlich nur in Büchern bereist hat?

Dass es einen Unterschied macht, ob man etwas nur auf Papier vor sich hat oder ganz real, habe ich selbst eindrücklich erlebt, als meine Mutter mir eines Tages Geld für einen Kinobesuch schenkte. Die Eintrittskarten waren damals für mich noch unerschwinglich teuer, ein Kinobesuch deshalb eine große Sache. Und wie es sich für einen Sechzehnjährigen gehört, sah ich mir einen Kriegsfilm an, der für mein Alter eigentlich noch gar nicht geeignet war. Ich hatte also plötzlich das vor Augen, was ich bis dahin mit meinem Sitznachbarn auf der Schulbank immer nur simuliert hatte. Ich sah Menschen auf der Leinwand sterben. Die, die bei uns nur Strichmännchen gewesen waren, hatten plötzlich von Angst gezeichnete Gesichter und schrien vor Schmerzen, wenn sie getroffen wurden. Wo es bei unseren Taktikübungen nur um Fragen von Truppenverschiebungen und Weltherrschaft ging, sah ich in diesem Film Individuen und ihre ganz persönlichen Schicksale. Mit einem Mal verloren diese Spiele für mich jede Attraktivität: Ich wollte nicht weiter mit dem Leben und Sterben von Menschen spielen, jeder Strich auf dem Papier stand in meinem Kopf jetzt für eine reale Gestalt.

So ähnlich verhält es sich auch mit vielen Dingen, die in der Schule vermittelt werden, zum Beispiel mit den Lebensbedingungen auf anderen Kontinenten. Es ist das eine, im Unterricht zu hören, dass Menschen in Afrika an Hunger sterben oder in Lateinamerika ihr Leben von einem Bruchteil dessen bestreiten müssen, was uns zur Verfügung steht. Doch es ist etwas anderes, sich die Zustände vor Ort mit eigenen Augen anzusehen. Dabei könnte der Anschauungsunterricht schon hier, vor der eigenen Haustür, beginnen. In der Schule wird erklärt, wie unsere industrielle Nahrungsmittelproduktion funktioniert. Warum schickt man die Schüler nicht besser in die Schlachthöfe, wo sie sehen können, was mit den Tieren geschieht? »Reife« erlangt für mich nicht, wer das Leben nur aus Büchern kennt, sondern nur, wer die Welt mit seinen eigenen Sinnen wahrnimmt, hört, sieht und spürt.

Insofern war auch ich kein wirklich reifer Mensch, als ich mit achtzehn Jahren die Schule verließ, immerhin mit einem ganz passablen Abschluss. Die vier Jahre Oberstufe auf der neuen Schule waren unaufgeregt verlaufen. Mit den Lehrern hatte ich meinen Frieden geschlossen und sogar einen für mich wirklich vorbildlichen Lehrer gefunden – so wie er wollte ich auch einmal meine Schüler unterrichten. Auch die Hänseleien, unter denen ich auf meinem ersten Gymnasium so sehr zu leiden gehabt hatte, hatten nachgelassen.

Wahrscheinlich hätte ich einen besseren Abschluss geschafft, wenn ich zu dieser Zeit nicht schon längst mit
dem Segelfliegen begonnen hätte. Die Abiturprüfun-
gen ausgerechnet in die Hochsaison der Segelfliegerei
zu verlegen – das war natürlich nicht besonders ge-
schickt vom Ministerium.

Der Flug

Ich bin ein Vogel. Seit ich mir als kleiner Junge vorgestellt habe, ohne jede Anstrengung durch die Luft zu gleiten, nur durch kleinste Bewegungen meines Körpers zu steigen und zu sinken, ahnte ich, dass ich auch in der richtigen Luft in meinem Element sein würde. Es war deshalb nur eine Frage der Zeit, bis ich auch im realen Leben in die Luft ging, um herauszufinden, wie weit die Wirklichkeit mit meiner Fantasie übereinstimmte.

Ohne die Erfahrungen, die ich seitdem beim Segelfliegen gemacht habe, wäre ich heute ein anderer Mensch. Vieles von dem, was ich über das Leben lernen durfte, habe ich zuerst im Cockpit eines Segelflugzeugs begriffen, bevor ich es in den Alltag auf festem Grund und Boden integrieren konnte. Das Segelfliegen ist für mich zu einem Synonym für das übrige Leben geworden. Hier wie dort ist man oft gezwungen, Entscheidungen über Folgen zu treffen, die nicht abzuschätzen sind, weil man noch nicht weit genug sehen kann.

»Wer sein Leben liebt, der schiebt«, heißt ein gern bemühtes Sprichwort, wenn es ums Radfahren geht.

Das gilt auch für mich, bis heute hat sich nichts daran geändert, dass ich mich mit Flügeln deutlich wohler fühle als auf zwei Rädern oder zwei Beinen. Wenn man es leicht abwandelt, könnte es deshalb als mein Lebensmotto durchgehen: »Wer sein Leben liebt, der fliegt.« Hätte ich das Segelfliegen nicht für mich entdeckt, käme ich mir wahrscheinlich vor wie ein Vogel, dem die Flügel zusammengeknotet wurden.

Wenige Monate vor meinem sechzehnten Geburtstag war es endlich so weit! Schuld daran war ein Film, an dessen Titel ich mich nicht mehr erinnern kann, wohl aber an seine Geschichte. Sie handelt von einem Jungen, der in seiner Freizeit an seinen Modellflugzeugen herumwerkelt und sie per Fernsteuerung fliegen lässt. Irgendwann besucht er einen Segelflugplatz und schaut dort ganz begeistert den echten Flugzeugen beim Starten und Landen zu. Wie magisch fühlt er sich von den Maschinen angezogen, die er bis dahin nur im Miniaturformat kannte. In der Mittagspause gehen der Fluglehrer und seine Schüler zum Essen. Keiner bleibt zurück, der Flugplatz ist verwaist. Schüchtern schleicht sich der Junge zu den Flugzeugen und schaut sich um. Er bleibt bei einem stehen, das er sich von außen genauer ansieht, und steigt ins Cockpit. Bald ist sein Wunsch so stark, selbst fliegen zu wollen, dass er die Haube schließt und die Instrumente aus nächster Nähe unter die Lupe nimmt. Er bewegt den Steuerknüppel, drückt ein paar Knöpfe und stellt sich vor, wie es sein müsste, selbst die Manöver in die Luft zu zeichnen, die er sonst mit seinen Modellen fliegt. Noch immer ist keiner da.

Schließlich ist er so versunken in das, was er vor sich hat, dass er nicht bemerkt, wie die Flugschüler aus der Pause zurückkehren. Die sehen, dass jemand im Flugzeug sitzt, denken, dass das wohl einer von ihnen sein müsse, klinken das Startseil ein und halten die Fläche hoch. Alles ist bereit für den Start. Als der Junge im Cockpit registriert, was um ihn herum geschieht, ist es schon zu spät. Der Mann an der Fahne gibt das Signal, das Seil wird straffgezogen und der Junge in den Himmel gezogen. Während sein Flugzeug noch am Seil hängt, springt das Bild auf den Fluglehrer, der im Geiste gerade seine Schäfchen durchgeht. Und der sich, als er merkt, dass seine Schüler vollzählig vor ihm stehen, die Frage stellt: Wer sitzt denn dann im Flieger? Aus der Schulungstruppe sind alle am Boden. Also muss es ein anderer sein. Der Fluglehrer stürzt zum Funkgerät, nimmt Kontakt zu dem Jungen auf und erklärt ihm genau, was er zu tun hat.

Es war weniger die Geschichte, die auf mich so eine Anziehungskraft ausgeübt hat, als vielmehr die Aufnahmen aus der Luft, die mich tief berührt haben. Denn die sahen exakt so aus, wie ich mir den Blick hinunter auf die Erde weit unter mir während meiner Traumflüge immer vorgestellt hatte. Da war mir klar: Das muss ich lernen. Also erklärte ich meiner Mutter: »Ich will Segelfliegen lernen.« Ihre Antwort: »Was spricht dagegen? Na, eigentlich gar nichts.« Die Frage war nur, ob wir uns das würden leisten können.

Weil wir zu dieser Zeit noch kein Telefon im Haus hatten, rief sie am nächsten Tag von ihrem Büro aus in einer 25 Kilometer entfernten Segelflugschule an. Man erklärte ihr, ich sei für einen regulären Lehrgang noch zu jung, der sei erst ab 16 möglich, ich könne aber einen Schnupperkurs absolvieren und so lange mit einem Lehrer fliegen, bis ich alt genug sei. Die Kosten dafür hielten sich im Rahmen.

Am darauffolgenden Wochenende fuhr ich mit dem Fahrrad zum Flugplatz, setzte mich hinter den Lehrer auf den Rücksitz eines doppelsitzigen Segelflugzeugs und legte gemeinsam mit ihm meinen ersten Flug zurück. Ich war allerdings nicht besonders beeindruckt von dem, was ich in der Luft erlebte. Entsprach es doch exakt dem, wie ich mir ein solches Erlebnis immer vorgestellt hatte. Ich hatte die ganze Zeit eher den Eindruck, ich würde das alles schon kennen.

Eine Empfindung jedoch war extrem stark, mein Gefühl von Heimat. Ich spürte ganz deutlich: Da oben in der Luft, da bin ich wirklich zu Hause. Wenn mich etwas überraschte, dann vielleicht, wie genau und perspektivisch richtig ich mir in meinen Träumen den Blick von dort oben vorgestellt hatte. Als ich wieder aus dem Cockpit stieg, hatte ich es schwarz auf weiß oder vielmehr: (himmel-)blau auf (landschafts-)grün, dass Luft mein natürliches Element ist. Und ich wollte lernen, mich darin ganz allein bewegen zu können.

Es dauerte dann allerdings noch einige Zeit, bis ich das Handling eines Segelflugzeugs beherrschte. Mein Talent stand leider im umgekehrten Verhältnis zu meiner Überzeugung, ein Vogel zu sein. Weil ich in den Jahren zuvor sportlich nicht aktiv war, hatte ich keine ausgeprägten motorischen Fähigkeiten entwickelt. Sport war in unserer Familie nicht existent, ich tat mich deshalb schwer, ein Gefühl für meinen Körper zu entwickeln. Doch wer kein Gefühl für den eigenen Körper hat, kann sich als Vogel nicht wirklich frei bewegen, weil er sich mit der Koordination schwertut. Man weiß ja nicht, wie man die Flügel bewegen soll, die im Grunde nichts anderes sind als die Verlängerung der eigenen Arme. So musste ich meine Motorik fürs Segelfliegen erst Schritt für Schritt entwickeln.

Mein erster Alleinflug war entsprechend nervenzerfetzend. Der fand genau an meinem sechzehnten Geburtstag statt. Wir waren gerade von einem gemeinsamen Flug zurückgekehrt, als mein Lehrer zu mir sagte: »So, und nun fliegst du diese Runde noch einmal allein.« – »Meinst du, dass ich das schon kann?«, fragte ich zaghaft zurück. »Ja«, antwortete er, »das kannst du.«

Ich spüre noch immer das Zittern in den Knien, wenn ich nur daran denke. Ich schließe die Haube des Cockpits. Das Seil, das mein Flugzeug mit dem Motorflugzeug verbindet, wird eingeklinkt. Gleich wird es mich nach oben ziehen. Ich bewege noch einmal alle Ruder, gebe das Zeichen, dass ich bereit bin zum Start. Die Helfer halten meine Fläche waagrecht, damit eine Seite während des Anziehens nicht über den Boden schleift. Segelflugzeuge stehen nur auf einem Rad und kippen deshalb auf eine Seite, wenn sie niemand festhält. Dann spüre ich, wie sich das Seil strafft, das Motorflugzeug beschleunigt und uns ganz sanft in die Luft hebt.

Das ist ein ganz besonderer Moment, wenn die Strömung am Flügel anliegt, die Ruder zu wirken beginnen und dann, wie von Engelshänden getragen, der Flieger abhebt. Das Schleifen der Kufe verstummt, das Rad in der Mitte dreht noch zwei-, dreimal durch. Dann wird es still, man hört nur noch das Motorflugzeug vor einem und das Rauschen des Windes um einen herum. Kein Fluglehrer, der hinter einem sitzt und etwas nach vorne ruft. Keine Ablenkung.

Das Nachfliegen hinter dem Motorflugzeug bedarf einiger Konzentration, man soll es nicht übersteigen, man soll es nicht unterfliegen, sondern in der Spur bleiben und einfach dem Seil nachfliegen, um das Motorflugzeug nicht permanent in irgendeine Richtung zu ziehen. In etwa vierhundert Metern über Grund kommt dann der Zeitpunkt, wo man das Seil ausklinken muss. Diesen Zeitpunkt selbst zu bestimmen, gibt einem noch einmal einen richtigen Kick. Man greift zum Knauf, zieht daran – und mit einem Klack fällt das Seil weg. Man klinkt noch einmal nach, damit man sicher sein kann, nicht mehr mit dem Schleppflieger verbunden zu sein. Dann sieht man, wie das Motorflugzeug einen Abschwung macht und zurück zum Boden fliegt. Mit einem Mal ist es komplett still, weil jetzt auch das Propellerbrummen verschwunden ist. Man blickt nach unten, dort sieht alles wie gewohnt 60 aus – und ist doch ganz anders.

Mein erster Alleinflug war ein feierlicher Akt. Ich drehte nur eine kleine Runde rund um unseren Segelflugplatz, heute würde ich dabei wahrscheinlich einschlafen, weil mir ein solcher Flug unfassbar langweilig vorkäme. Damals aber war er das Größte, was ich in meinem Leben je erlebt hatte: Endlich konnte ich mich frei wie ein Vogel bewegen! Das Flugzeug gehorchte – mehr oder weniger – meinen Anweisungen, doch es fühlte sich alles so natürlich an, so leicht und selbstverständlich, dass ich keine Sekunde lang Angst spürte. Ich schwebte durch die Luft, als hätte ich in meinem Leben nie etwas anderes getan. Ich setzte das Flugzeug mit dem Gefühl auf der Erde auf, einen kurzen Blick ins Paradies gewagt zu haben. Nun war ich ein Vogel, der zum ersten Mal sein Nest verlassen hatte.

Von da an verbrachte ich jede freie Minute auf dem Segelflugplatz, oft genug fuhr ich auch bei Nebel dorthin in der Hoffnung, er würde sich irgendwann lichten. Auch wenn ich unverrichteter Dinge wieder nach Hause fahren musste, grämte ich mich nicht. In meinem zweiten Jahr – zwischenzeitlich hatte ich den Segelflugverein gewechselt, um nicht mehr so weit radeln zu müssen – kam ich bereits auf über 200 Flugstunden und durfte die erste Leistungsprüfung absolvieren, genannt Silber-C. Dazu muss man eine Strecke von 50 Kilometern zurücklegen, mindestens fünf Stunden in der Luft bleiben und an einem anderen Ort als dem Heimatflugplatz landen.

Die Flugdauer war dabei nicht das Problem, mich aber vom gewohnten Terrain zu entfernen, kostete mich große Überwindung: Man weiß, man fliegt weg und kommt nicht mehr auf den Flugplatz zurück, den man kennt. Man wird irgendwo anders landen, auf einem anderen Flugplatz, einer Wiese – egal wo. Das ist eine ganz neue Herausforderung. Ich brauchte drei Anläufe, um mich zu überwinden. Bei den beiden Malen davor hatte ich noch jeweils abgebrochen, weil der Himmel vor mir nicht gut ausgesehen und ich mir gedacht hatte: »Komm, da fliegst du sicherheitshalber lieber wieder zurück.« Als ich den Absprung dann endlich schaffte, kam ich ganze 67 Kilometer weit und landete auf dem Flugplatz von Schärding, einer oberösterreichischen Kleinstadt.

Während des Fluges war nicht immer abzusehen gewesen, ob ich es wirklich bis dorthin schaffen würde, es hätte auch eine Wiese irgendwo dazwischen sein können. Dass ich dabei aber trotzdem ruhig blieb und immer weiterflog, ganz im Vertrauen darauf, zur richtigen Zeit schon die brauchbaren Außenlandewiesen oder Flugplätze zu finden, zeigte mir, dass ich keine Angst mehr zu haben brauchte vor dem, was vor mir lag – im Segelflugzeug wie im »normalen« Leben. Ich setze diesen Begriff in Anführungszeichen, weil für mich das richtige Leben eigentlich das in der Luft ist. Es ist das auf festem Boden, das mir oft genug unnormal und unnatürlich vorkommt.

Damit machte ich schon relativ früh eine Erfahrung, die mir später auch in vielen anderen Lebensbereichen immer wieder half: mich auf Situationen einlassen zu können, deren Ende nicht absehbar ist, im Bewusstsein, dass ich sie zu einem guten Ende führen kann. Diese Fähigkeit hat mit Talent wenig zu tun, es ist keine Frage der Begabung oder der Gene. Es kommt vielmehr darauf an, die Bereitschaft zu entwickeln, sich dem Unbekannten zu stellen und es so zu beeinflussen, dass es sich nach den eigenen Wünschen entwickelt, komme, was da wolle. Und darauf, Alternativen bereitzuhalten für den Fall, dass etwas Unvorhergesehenes geschieht.

Es ist auch eine Frage des Vertrauens darauf, dass die Sache, die vor einem liegt, gut ausgeht, und dass man in den entscheidenden Momenten schon das Richtige tun wird. Das Segelfliegen ist dafür ein gutes Training. Es geht ja in den seltensten Fällen um Leben oder Tod, wenn man im Segelflugzeug sitzt, sondern darum, ob es einem bei einem Streckenflug gelingt, den Ausgangs- oder einen Zielflugplatz zu erreichen oder ob man auf einer Wiese landen muss, auf der es ordentlich hoppelt und rumpelt und von der der Rücktransport dann etwas beschwerlicher wird.

Keine Frage: Es ist sicherer, die Grenzen des Bekannten nie zu überschreiten oder, als Segelflieger, nie zu überfliegen. Man kann Runde um Runde um den eigenen Flugplatz drehen, in ständigem Sichtkontakt zum vertrauten Terrain und muss dabei zu keiner Sekunde ein Risiko eingehen. Doch hätte ich damals nicht den Mut gehabt, das mir vertraute Gebiet zu verlassen, wären mir die schönsten Momente entgangen, die dieser Sport zu bieten hat.

Es kostet Überwindung, manchmal muss man seinen ganzen Mut zusammennehmen, um eine Entscheidung zu treffen, deren Konsequenzen man noch nicht ganz abschätzen kann. Doch es sind gerade diese Entscheidungen, die einem später die größten Glücksgefühle bescheren. Als ich am Ende meines erfolgreich absolvierten Silber-C-Fluges den Flugplatz von Schärding vor mir auftauchen sah, war ich der glücklichste Mensch der Welt.

Die Faszination des Segelfliegens besteht für mich aber nicht im bloßen Abspulen von Flugkilometern. Der große Reiz liegt im Bergfliegen. Ich liebe die Berge. An oder über ihren Hängen und Gipfeln zu fliegen gibt mir das Gefühl, mich im völligen Einklang mit der Natur zu befinden. Es sind die schroffen Gesteinsformationen, die mich so faszinieren, genauso wie die wunderbaren Farben in der Landschaft und die überwältigende Weitsicht.

Ich genieße es, die Aufwinde zu spüren, diese unsichtbaren Luftbewegungen, die zum Beispiel dadurch entstehen, dass erwärmte Luftmassen aufsteigen. Ein Segelflugzeug kann sich in einem solchen Luftstrom – die Piloten sagen dazu »Bart« – kreisend nach oben drehen wie ein Auto, das im Rondell eines Parkhauses Stockwerk um Stockwerk erklimmt. Ein gelungener Segelflug besteht für mich deshalb darin, mich von Aufwind zu Aufwind zu hangeln, ständig auf der Suche nach dieser unsichtbaren Energie, die es mir ermöglicht, an Höhe zu gewinnen, und den Flug dann von dieser neuen Höhe aus allmählich abgleitend fortzusetzen.

Als ich dieses Prinzip entdeckte, war es mir, als würde ich in eine neue, mir bis dahin völlig unbekannte Welt eintauchen. Im Laufe der Zeit lernte ich, woran man thermische Aufwinde erkennen kann. Wichtige Indikatoren dafür sind die Wolken. Die verraten einem geschulten Blick oft die Geschichte ihrer Entstehung. Eine Kumuluswolke zum Beispiel, die aussieht wie ausgelaufene Schlagsahne, hat in der Regel folgenden Ursprung: Durch die Sonneneinstrahlung wird der Boden an verschiedenen Stellen unterschiedlich stark erwärmt, ein Felshang in der Sonne erwärmt sich stärker als ein Schneefeld oder ein See. Der Boden gibt diese Wärme an die Umgebungsluft ab. Wenn ein bodennahes Luftpolster nun wärmer ist als die Umgebungsluft, steigt es auf. Die in der Luft enthaltene Feuchtigkeit kondensiert in einer gewissen Höhe, so dass eine Wolke entsteht. Ob es darunter allerdings tatsächlich noch einen Aufwind gibt, weiß man als Segelflieger erst, wenn man dorthin geflogen ist, denn die Wolke erzählt ja nur, was war.

Wenn sich die Wolke aufgelöst hat, kann man daraus in der Regel schließen, dass der Aufwind auch verschwunden ist, sonst würde er weitere Feuchtigkeit nachliefern. Das muss aber nicht immer so sein. Bevor die Luft kondensierte, gab es ja auch schon einen Aufwindstrom, das Kondensieren ist ja erst das Ergebnis. Man weiß also nicht: Hat sich die Wolke aufgelöst, weil es darunter keinen Aufwind mehr gibt? Oder kommt gerade ein neuer Thermikschwung?

Darum gilt es, das zu beobachten, was man einen Wolkenzyklus nennt. »Lebt« die Wolke nur ein oder zwei Minuten, kann das ein Zeichen für wenig Feuchtigkeit sein, das kommt in trockenen Gebieten wie Australien oft vor. Dort spricht man auch vom Phänomen der Blauthermik, also einer Thermik ohne Wolken. Eine schnell »sterbende« Wolke kann aber auch bedeuten, dass der Aufwind bereits nach ein paar Minuten wieder versiegt ist, weil das Warmluftpolster extrem klein war, was an sehr windigen Tagen oft passiert. Der starke Wind reißt dann schon kleine Warmluftpolster vom Boden weg, jeder Thermikbart hat daher nur eine kurze Lebensdauer.

Gemein sind die Wolken, die wir »Leichen« nennen: Die sind wunderschön anzusehen, allerdings gibt es darunter schon lange keinen Aufwind mehr. Die Schicht, in der diese Wolke steht, ist so feucht, dass die Wolke sich kaum auflöst. Sie bleibt lange stehen und zieht übers Land, wenn es Wind gibt, der Aufwind aber ist schon längst tot. So fliegt man hin und denkt sich: »Juchhe, was für eine wunderschöne Wolke!« Und stellt dann vor Ort fest: Da ist ja gar nichts. Wenn einem das zwei- oder dreimal passiert ist, begreift man: Vorsicht, die Wolken, die gut ausschauen und schon länger am Himmel stehen, sind Leichen. Also achtet man besser auf frische Wolken, auf kleine, die sich gerade aufbauen, und ändert die Strategie.

Als Segelflieger befindet man sich deshalb in einem permanenten Entscheidungsprozess, weil die Natur ständig neue Zeichen aussendet. Man hat seine Erfahrungen mit an Bord sowie das Wissen über die aktuelle Wetterlage, trotzdem gilt es, in der konkreten Situation intuitiv zu entscheiden, wohin man fliegt. Man kann sich nie sicher sein, dass eine Wolke auch tatsächlich das aussagt, was man unter ihr vermutet. Und: Man muss fühlen, was ist! Einer meiner Lieblingssätze stammt von Ingo Renner, dem einzigen vierfachen Weltmeister zurzeit, einem Deutschen, der in Australien lebt. Der lautet: »Thermik ist dort, wo man sie findet.« Viele Segelflieger aber erliegen der Versuchung, nur ihren theoretischen Vorgaben zu folgen.

Die ersten Jahre als Segelflieger verbrachte ich darum vor allem damit, mich selbst darin zu schulen, in solchen Entscheidungsprozessen immer sicherer und selbstbewusster zu werden. Meine Schüchternheit aus meinem bodenständigen Leben konnte ich dennoch nur langsam abbauen. Wenn ich in der Luft beobachtete, wie ein anderer Pilot mit mehr Erfahrung auf eine bestimmte Wolke zusteuerte, war ich überzeugt, dass der mehr sah und spürte als ich. Also folgte ich seiner Spur und war oft genug enttäuscht darüber, dass dort, wohin ich ihm nachgeflogen war, kein Aufwind war. So reifte in mir immer mehr die Überzeugung, dass ich mich nur auf einen wirklich verlassen konnte: auf mich selbst. Meinen Intellekt, mein Gefühl, meine Intuition.

Ich fand beileibe auch nicht immer die richtigen Aufwinde, die mich nach oben hoben, doch wenn ich eine falsche Stelle angeflogen war, konnte ich nur mich selbst dafür verantwortlich machen. Je mehr Flugkilometer ich zurücklegte, umso mehr spürte ich aber, dass ich mich auf mein eigenes Gespür sehr gut verlassen konnte.

67

Ich habe daraus ein Prinzip abgeleitet, das mich seitdem durch mein ganzes Leben begleitet hat. Jede unternehmerische Entscheidung, die ich später getroffen habe, folgte ihm, und ich bin mir sicher, dass ich nicht diesen »Erfolg« gehabt hätte, wenn ich mich davon nicht hätte leiten lassen. Es lautet: In den entscheidenden Momenten ist es immer der Bauch, der die richtige Entscheidung trifft, nicht der Kopf. Wenn man nicht wissen kann, wie man sich entscheiden soll, kann man es nur noch spüren. In den allermeisten Fällen hat der Bauch ein sehr verlässliches Gespür dafür, was die richtige Entscheidung ist.

Ich jedenfalls kann im Rückblick sagen: Alle Entscheidungen, die ich aus dem Bauch heraus getroffen habe, haben sich im Nachhinein als richtig erwiesen, die Kopfentscheidungen hingegen haben mich sehr oft in Situationen geführt, in denen ich das Gefühl hatte, in einer Sackgasse gelandet zu sein – oder, um es in der Sprache der Segelflieger auszudrücken, unter einer toten Wolke.

Natürlich hat auch der Kopf seine Existenzberechtigung, erst recht in einem Segelflugzeug. Es hat ja keinen Sinn, »kopflos« durch die Gegend zu fliegen. Man muss schon genau wissen, was man tut. Man darf sich nicht ins Cockpit setzen und sich denken: Wenn ich erst einmal in der Luft bin, werde ich schon irgendwie runterkommen. Wie man richtig startet und wie man sich selbst und das Segelflugzeug wieder heil zurück auf den Boden bringt, muss man lernen, genauso wie man das Ein- und Ausparken beherrschen muss, wenn man Auto fahren möchte. Doch diese Fähigkeiten machen noch keinen guten Segelflieger aus.

Einen guten Segelflieger erkennt man daran, dass er in der Lage ist, in der Luft Dinge wahrzunehmen, die anderen verborgen bleiben. Die aber erkennt man oft nicht mit den Augen, sondern nur mit dem Bauch, der einem ein Gefühl dafür vermittelt, welche Entscheidung sich am besten anfühlt. Moderne Segelflugzeuge haben zwar Computer an Bord, mit denen sich alle möglichen Parameter messen und berechnen lassen. Doch ob man vor dem nächsten Bergkamm, den man überfliegen möchte, Aufwinde findet, die einen so weit nach oben tragen, dass man ganz sanft darübergleiten kann, ob eine Wolke, die man vor sich sieht, tatsächlich ein Hinweis darauf ist, dass darunter ein Aufwind herrscht – das zeigt einem kein Computerdisplay an.

Und außerdem können Instrumente nur messen, was draußen passiert. Bis das in eine Anzeige übersetzt wird und der Pilot reagieren kann, ist ein Teil dessen, was sie erfasst haben, vielleicht schon wieder vorbei. Man kann sich den teuersten Segelflieger kaufen, den man bekommen kann: Wenn man sich in der Luft nicht auf sein Gefühl verlässt, wird man dennoch keine erfüllenden Flüge erleben. Umgekehrt kann man auch in einem dreißig Jahre alten Flieger wahre Höhenflüge erleben, wenn man dem Kopf im richtigen Moment sagt, dass er bitte schön die Klappe halten möchte.

Oft genug ist es im Alltag ja ähnlich: Wir stehen vor einer wichtigen Entscheidung, von der wir nicht wissen, wohin sie führen wird, weil sie in der uneinsehbaren Zukunft liegt. Alle wichtigen Parameter, die man dafür heranziehen kann, sind zusammengetragen, alle Argumente abgewogen. Und dann? Wie soll man sich jetzt entscheiden, wem soll man folgen, seinem Bauchgefühl oder dem, was der Kopf vorgibt? Ich bin überzeugt, dass sich die meisten Menschen in vielen Situationen gern anders entscheiden würden, als sie es dann tatsächlich tun, dass sie sich also gegen das entscheiden, was ihnen der Bauch empfiehlt. Sei es, weil sie nicht den Mut haben, auf ihren Bauch zu hören, sei es, weil der Kopf ihnen sagt: Wenn du dich so entscheidest, wie ich es für richtig halte, gehst du den sichereren Weg. Da kann der Bauch dann zehnmal einwenden, dass man sich damit zwar für die Sicherheit, aber gleichzeitig auch gegen die eigene Natur, gegen die tatsächlichen Bedürfnisse oder die persönlichen Leidenschaften entscheidet.

Wir haben verlernt, öfter auf unseren Bauch zu hören, weil wir den Kontakt zu unserer eigenen Intuition verloren haben, wie sie für uns im Kindesalter noch ganz normal war. Sie hat uns ermöglicht, ausschließlich im Hier und Jetzt zu leben, weil wir immer nur das getan haben, was sich gut und richtig angefühlt hat. Oft haben wir dann dabei die Welt um uns herum vergessen. Ich kann mich an viele Situationen in meiner Kindheit in Leonding erinnern, als meine Mutter gesagt hat: »Sei um zwölf daheim, wir wollen gemeinsam essen.« Und trotzdem habe ich oft gar nicht mitbekommen, dass es schon längst zwölf war. Ich habe einfach gespielt. Irgendwann hörte ich dann einen Schrei und dachte mir: »Oh, das war doch die Mama, was wird sie denken? Ist es schon zwölf?« Als Kinder haben wir in Gefühlen gedacht. Diese Fähigkeit haben wir über unsere schulische Bildung und die Anpassung an gesellschaftliche Konventionen jedoch verlernt und verloren.

Es würde uns deshalb guttun, wieder mehr auf unseren Bauch zu hören. Das bedeutet ja nicht, dass man vom einen Extrem ins andere kippen muss. Auch im Segelflugzeug ist man ständig gefordert, eine Balance zwischen Kopf- und Bauchentscheidungen zu finden. Wann verlässt man sich auf seine Intuition, wann lieber auf die Fakten? Wann folgt man dem Gefühl, wann seinem Wissen? Man kann sich diesen Prozess so vorstellen, als säße man an einem Regler, an dessen einem Ende »Kopf« steht und am anderen »Bauch« und den man je nach Situation in die eine oder andere Richtung schiebt. Damit lässt sich dann einstellen, welcher Anteil an einer Entscheidung dem Kopf zukommt und welcher dem Bauch.

Es gibt keine Reglereinstellung, die für alle Menschen richtig wäre, genauso wenig wie eine Einstellung für alle Lebenssituationen ein und derselben Person. Der Regler ist vielmehr immer in Bewegung. So wie jeder Mensch anders ist als ein anderer, so sind auch die Situationen und Lebensbereiche unterschiedlich, die ein und derselbe Mensch zu lösen hat. Manchen tut es beispielsweise im Beruf gut, wenn sie sehr kopforientiert agieren, damit lässt sich in vielen Din- 71 gen des Privatlebens allerdings kein Blumentopf gewinnen. Grundsätzlich steht der Regler immer genau dort richtig, wo das Gesamtsystem am besten funktioniert. Ich habe aber den Verdacht, dass der Regler in unserer Gesellschaft chronisch zu weit in der Nähe des »Kopfes« steht.

Das Handwerk

Wenn man Freiheit als einen Zustand definiert, in dem man in jeder Sekunde neu entscheiden kann, in welche Richtung man steuern möchte, dann war der Himmel für mich das Laboratorium, in dem ich experimentieren konnte, wie weit ich dabei zu gehen bereit war. Bis dahin hatte ich die Grenzen der Freiheit, die mir meine Mutter gewährte, dadurch auszureizen versucht, dass ich an einer Zigarette zog oder Alkohol ausprobierte. Doch weil zu Hause alles erlaubt war und ich den Geschmack von Bier genauso schlimm fand wie den einer Zigarette, hatte ich mit dem Trinken wie mit dem Rauchen erst gar nicht angefangen.

Es macht einfach keinen Spaß, Grenzen auszureizen, die es gar nicht gibt. Ich blieb damit auch bei den Abenteuern, die man als Pubertierender für gewöhnlich erlebt, ein Außenseiter. Mein Abenteuer war vielmehr ein Leben in kompletter Eigenverantwortung und Selbstständigkeit. Dazu gehörte für mich auch, alles auszuprobieren, was möglich war – unabhängig davon, ob das Mögliche auch das Sinnvolle oder Wünschenswerte war. Jede Möglichkeit, die sich mir auftat, empfand ich als Herausforderung, und ich setzte alles daran, sie zu meistern.

So landete ich schließlich beim Bodybuilding. Zum Ende meiner Gymnasialzeit kam in meiner Schule in Linz die Mode auf, den eigenen Körper im Fitness-studio zu trainieren. Bei manchen meiner Klassenka-meraden konnte ich gut erkennen, dass dies auch eine gewisse Wirkung hinterließ. Ihnen wollte ich nach-eifern. Ich wollte herausfinden, wie weit ich selbst mei-nen »Body builden« konnte.

Fortan führte mich mein Weg nicht nur auf den Se-gelflugplatz, sondern auch ins Römerberg-Studio, das mit Abstand hässlichste Studio der Stadt. Dorthin ging nur, wer das Ziel hatte, in möglichst kurzer Zeit mög-lichst viel Muskelmasse aufzubauen und seinen Kör-per zu einem aufgepumpten Muskelpaket umzuformen, auf welche Weise auch immer. Für mich war dieser Keller mit seinen Hantelbänken vor der Spiegelwand und der schweißgetränkten Atmosphäre genau die rich-tige Umgebung. So wurde Karl, der »Gärtner«, zu Karl, dem »Bein«. Den ersten Spitznamen hatten mir meine Trainingskameraden wegen der Gärtnerei meiner Groß-eltern verpasst, den zweiten, weil ich die muskulöses-ten Bein- und Wadenmuskeln hatte, ohne viel dafür trainieren zu müssen.

Der »Gärtner« blieb ich aber weiterhin. Mit 19 hatte ich die Gärtnerei meiner Großeltern übernommen und verdiente damit das Geld, das ich zum Studieren und fürs Segelfliegen brauchte. Ich wuchs damit von ganz allein in die Selbstständigkeit eines Unternehmers hinein, für den Geldverdienen ein wichtiger Bestandteil seines Lebens war.

Dieser Job war aber nicht mein einziger. Auf dem Markt in Linz verkaufte ich Gemüse, in den Hochhaussiedlungen am Ortsrand von Leonding darüber hinaus Zeitungsabonnements. Ich zog von Tür zu Tür und hatte den verdutzten Menschen, die mir öffneten, eine so bekannte wie berüchtigte Boulevardzeitung aus Wien schon gratis zur Probe angedreht, bevor sie Nein sagen konnten. Ein paar Tage später klingelte ich wieder, fragte freundlich, wie ihnen die Zeitung gefallen hätte, überreichte ein paar Blumen und überredete sie zum Abschluss eines Jahresabonnements.

Auch hier waren es vor allem die Damen, die irgendwann ihre Unterschrift unter die Bestellung setzten. Dass ich das ausgerechnet mit einer Zeitung tat, von der es heißt, sie biege sich die Wahrheit zur Not so lange zurecht, bis sie ins eigene Weltbild passt, ist mir heute sehr peinlich. Damals aber war es eine leichte Möglichkeit, in kurzer Zeit viel Geld zu verdienen, und ich war naiv genug, mir die Zeitung vom Chef unserer Drückerkolonne schönreden zu lassen. Mit dem dabei verdienten Geld konnte ich auf meinem Weg in die größtmögliche Freiheit den nächsten Schritt tun: Ich kaufte mir mein eigenes Segelflugzeug.

Nach einem Zwischenfall in meinem Verein war klar, dass ich nicht länger mit Flugzeugen in die Luft gehen wollte, die nicht mir gehörten. Was war passiert? Zum Ende eines intensiven Flugsommers, ich war inzwischen zwanzig Jahre alt, wollte ich einen der letzten 75

Flüge der Saison absolvieren. Die Bedingungen waren schwierig, die Thermik zerrissen und rar. Nach etwa fünfzig Kilometern war mir klar, dass ich den Heimatflugplatz nicht mehr erreichen würde. Ich steuerte deshalb einen anderen Flugplatz an, um dort zu landen und mich von einem Motorflugzeug zurückschleppen zu lassen.

Als ich in Sichtweite dieses Flugplatzes war, merkte ich, dass ich es nicht einmal mehr bis dorthin schaffen würde – eine Hochspannungsleitung versperrte mir den direkten Anflug. Also bereitete ich mich auf eine Außenlandung vor, allerdings, wie sich bald herausstellen sollte, viel zu spät. Auf den letzten Metern war ich etwas zu langsam, aus zwei Metern Höhe plumpste der Flieger auf den Boden. Die Strömung an den Flügeln war wegen der zu geringen Geschwindigkeit abrupt abgerissen. Der Schaden hielt sich glücklicherweise in Grenzen, das Fahrwerk hatte das meiste abgefangen und Schlimmeres verhindert. Es waren nur zwei sogenannte Augen eingedrückt, die verhindern, dass sich die Flügel vor- und zurückbewegen können. Eine Kleinigkeit, zumal am Ende der Saison, wo für die Reparatur ein ganzer Winter lang Zeit bleibt.

Doch für den Werkstattleiter unseres Vereins, im eigentlichen Leben ein sehr erfolgreicher Unternehmer, war dieser Unfall ein weiterer Beweis dafür, dass man den Jungen einfach nichts anvertrauen kann. Für ihn gab es nur eine Wahrheit, nämlich seine eigene. »Die spinnen alle«, tobte er und stutzte mich zurecht, als ob es kein Morgen gäbe. Für mich war dieses Erlebnis aus zwei Gründen ein schwerer Schlag. Zum einen schien es mir eine wunderbare Sache, dass mir ganz selbstverständlich ein Segelflugzeug anvertraut wurde, denn dieses Vertrauen machte mich stolz und stärkte mein Selbstbewusstsein. Insofern kam die Tirade dieses Mannes, der ohnehin zu cholerischen Ausbrüchen neigte, für mich mindestens einem Teilentzug dieses Vertrauens gleich.

Zum anderen war dieser Unfall ein erster Dämpfer für meine aufstrebenden Ambitionen. Bis dahin hatte es für mich im Segelflugzeug nur einen Weg gegeben, nämlich den nach oben – nach unten ging es nur, wenn ich landen musste. Im Sommer davor hatte ich meinen Kunstflugschein geschafft, ich galt als ausgewiesenes Segelflugtalent, das es zu fördern galt. Die ersten Jahre haben daher einen enormen Schub für mein Selbstwertgefühl gebracht. Dies war nun aber genauso eingedrückt wie die Augen des beschädigten Segelflugzeugs.

Im Nachhinein betrachtet war das der typische Verlauf in der Entwicklung der eigenen Selbstsicherheit, wie er sich bei vielen Piloten einstellt sowie bei Menschen im Allgemeinen. Kaum jemand fängt mit übertriebenem Selbstbewusstsein etwas Neues an. Diejenigen, die sich ihrer Sache ganz sicher sind, sind eher die Ausnahme. Dann registriert man, dass man erste Fortschritte macht, auf die immer mehr Fortschritte folgen. Irgendwann kommt dann das Gefühl: Bisher ist alles gutgegangen, ich bin ja doch viel besser, als ich dachte. Und so sehr man sich am Anfang unterschätzt hat, so sehr überschätzt man sich auf einmal. Dann braucht es einen ersten Dämpfer, und den muss man überstehen. Schließlich merkt man: Hoppla, ich bin doch noch ein rechter Anfänger. Hilfreich ist es, wenn man daraus die richtigen Schlüsse zieht.

Ich habe diesen Zwischenfall zum einen überstanden und zum anderen Konsequenzen daraus gezogen. Eine davon war, so schnell wie möglich in einem eigenen Flugzeug zu sitzen. Wenn es künftig jemanden geben sollte, der nach einem Unfall zu schreien begann, dann sollte es nur einer sein: ich selbst. Zwei Jahre später konnte ich mir meinen sehnlichen Wunsch erfüllen. Dass der um ein Haar für mich tödliche Folgen gehabt hätte, ahnte ich damals noch nicht.

Meine Lehrerausbildung an der Pädagogischen Akademie in Linz hatte ich zu dieser Zeit gerade hinter mich gebracht. Ich hatte das, was ich mir zu Schulzeiten vorgenommen hatte, in die Tat umsetzen wollen. Meine Fächer waren Mathematik, Physik und Chemie für die Zehn- bis Vierzehnjährigen an Hauptschulen, weil ich das Gefühl hatte, dass gerade sie am dringendsten Lehrer brauchten, die ihnen zeigten, dass Schule auch Spaß machen kann.

Das Studium war mit drei Jahren relativ kurz, deshalb war ich erst 21, als die Zeit meines Schulpraktikums begann. Doch die zeigte mir relativ schnell, dass ich mit meiner Vorstellung von einem lebendigen Unterricht gegen die Wand fahren würde, hinter der sich das Schulsystem so gern verschanzt. Ich kann mich noch gut daran erinnern, wie ich eine Unterrichtsstunde vorbereitet hatte, die ein älterer Kollege zur Kontrolle begleiten sollte. Ich hatte mich am Lehrplan orientiert, diesen jedoch kreativ uminterpretiert, weil ich das Gefühl hatte, den Schülern so den Stoff besser vermitteln zu können. Nachdem ich meinem Kollegen die Stunde skizziert hatte, wie ich sie gern halten wollte, wandte er ein, dass das nicht möglich sei, ich möge mich bitte genau an die Vorgaben halten. So, wie ich es machen wollte, habe man es an dieser Schule noch nie gemacht.

»Aber ich habe doch nur eine Kleinigkeit verändert, damit den Schülern das Lernen mehr Spaß macht«, entgegnete ich. »Herr Kollege«, sagte er, »Sie können hier nicht machen, wonach Ihnen gerade der Sinn steht. Und wozu sollen die Schüler im Unterricht Spaß haben, die sollen etwas lernen!« Ich aber dachte mir: »Wenn ich schon bei der Vorbereitung beinahe einschlafe, wie kann ich es dann den Schülern verübeln, wenn es ihnen im Unterricht später genauso ergeht?« Doch an der Haltung des Kollegen war genauso wenig zu rütteln wie am gesamten Schulbürokratismus.

Meine Motivation, ein besserer Lehrer zu sein als diejenigen, unter denen ich selbst gelitten hatte, war damit schnell verflogen. Als ich vor der Entscheidung stand, mich entweder zu ergeben und dem Lehrplan bedingungslos zu folgen oder der Schule lieber den Rücken zu kehren, spürte ich, dass es gar keiner Entscheidung bedurfte – zumal sich zu diesem Zeitpunkt schon längst abzeichnete, dass ich mir als Unternehmer die Freiheit bewahren konnte, die man mir als Lehrer von Anfang an genommen hätte.

Ich konzentrierte mich darauf, das weiterzuentwickeln, was meine Großeltern gemeinsam mit meiner Mutter aufgebaut hatten und was ich schon während des Studiums komplett übernommen hatte. Bereits damals war ich morgens um sechs auf dem Markt, um meinen Stand aufzubauen, und bat die Verkäuferinnen der Nachbarstände, meine Waren mitzuverkaufen. Dann fuhr ich in die Akademie, um die Seminare und Vorlesungen zu besuchen, kam in der Vormittagspause kurz zurück, um zu schauen, ob alles läuft, packte mittags alles wieder ins Auto und fuhr nach Hause.

Es war mitunter sehr anstrengend, alles unter einen Hut zu bekommen, aber zum einen war ich ja von frühester Kindheit an ein Leben gewohnt, in dem es kaum Ruhepausen gab, zum anderen machte mir diese Arbeit großen Spaß. Es gab niemanden, der mir Vorschriften machte, der Erfolg meines Marktstandes hing allein davon ab, wie engagiert und diszipliniert ich bei der Sache war, und wenn ich nachmittags die Einnahmen abrechnete, spürte ich eine tiefe Befriedigung in mir. Und wie es sich für ordentliches Unternehmertum gehört, keimte irgendwann die Idee auf, dass sich auf der Basis des Marktstandes doch etwas aufbauen lassen müsste. Etwas, das langsam würde wachsen können.

Zum Sortiment meines Standes hatten lange schon Blumen aus unserer Gärtnerei gehört, die meine Mutter voller Hingabe aufzog. Es waren nicht viele Sorten, die wir anbieten konnten, aber immerhin genug, dass ich irgendwann auf die Idee kam, sie zu trocknen und damit haltbar zu machen. So blieb mehr Zeit, sie zu verkaufen, weil die Ware nicht mehr welkte, und unsere Kunden hatten länger etwas davon, weil sie sich die Trockenblumen in die Wohnung stellen konnten, ohne dass sie irgendwann ihre Blütenblätter verloren. Zu meiner großen Freude verkauften sich die getrockneten Blumen weitaus besser als die frischen. Es war das erste Mal, dass ich den Eindruck gewann, ein gutes Gespür für die Bedürfnisse unserer Kunden zu haben. Von da an war der Keller unseres Hauses in Leonding vollgehängt mit Blumensträußen, die langsam vor sich hin trockneten, und unser Marktstand wechselte allmählich vom Gemüse- zum Dekorationsverkauf.

Als ich mich im darauffolgenden Herbst von meiner Marktnachbarin, einer Kunsthandwerkerin, verabschiedete und sagte, wir würden uns dann im kommenden Frühjahr wiedersehen, erwiderte sie: »Warum kommt ihr nicht auch zur Vorweihnachtszeit? Da macht man doch das große Geschäft.« Auf meine Frage, was wir da denn verkaufen sollten, Trockenblumen seien zu Weihnachten ja wahrscheinlich nicht der große Renner, antwortete sie: »Dir wird schon was einfallen.«

Gemeinsam mit meiner Mutter überlegte ich, was wir anbieten konnten. Bald kamen wir auf die naheliegende Idee, es mit Gestecken zu versuchen, die wir aus Tannenreisig und Zapfen anfertigten. Wir bemühten uns aber, die Produkte etwas pfiffiger und kreativer aussehen zu lassen als die, die man überall sah. 81

Die ersten verkauften wir schon zu Allerheiligen, und als wir merkten, dass auch die gut ankamen, verbrachten wir viele Abende damit, uns von den Tannennadeln die Hände zerstechen zu lassen, und standen in den Wochen vor Weihnachten wieder an unserem Stand. Die Bilanz am Ende dieses Jahres: zerschundene Hände, dafür aber ein stattlicher Gewinn.

Im Jahr danach bauten wir unser Sortiment sukzessive aus. Wo früher Tomaten- und Pilzkartons lagen, präsentierten wir nun Trockenblumen im Sommer und Dekorationsartikel wie Tannengestecke und Stoffpuppen aus Jute im Winter. Wir beauftragten Floristinnen und Heimarbeiterinnen, die Produkte nach unseren Vorgaben anzufertigen, und verkauften sie an unserem Marktstand.

Und dann stellte mir eines Tages der Zufall einen amerikanischer Van vor die Nase. Er fuhr direkt vor unserem Stand vor, ein überdimensioniertes Ding in dunklem Grau, aus dem zwei Männer sprangen – eine Szene wie aus einem Mafiafilm. Das war eine der Schlüsselszenen, die aus meinem Marktstand ein Millionenunternehmen machen sollten.

Der Chef dieser Truppe war ein lustiger Kerl, ein Riese mit Muskeln, wie sie auch den Besuchern des Römerberg-Studios alle Ehre gemacht hätten. Umso putziger waren die Produkte, die er an seinem Stand gleich neben unserem verkaufte: Figuren aus zusammengeklebten Flusssteinen. Er war genauso ein Selfmade-Unternehmer wie ich, deshalb hatten wir von Beginn an eine gemeinsame Ebene. Er fahre demnächst auf eine Messe, auf der Großhändler ihre Produkte ausstellen, erzählte er mir. Ob wir uns dort nicht einen Stand teilen wollten – er mit den Steinfiguren, ich mit den Stoffpuppen? Warum eigentlich nicht, dachte ich mir in guter Familientradition.

Und so standen wenige Wochen später zwei Männer wie Bodyguards einer Jutepuppen-Garde an einem Gemeinschaftsstand in einer Messehalle in Salzburg. Am Schluss hatten wir einige Aufträge im Buch stehen, fuhren bester Laune nach Linz zurück und beschlossen, auch in Zukunft zusammenzuarbeiten. So vermittelten wir uns gegenseitig Kunden und fuhren gemeinsam zu Messen.

Mein Unternehmen wuchs Stück für Stück, ganz organisch. Je größer unser Sortiment wurde und an je mehr Orten wir die Waren verkauften, umso höher stieg unser Umsatz: Oft konnten wir an einem Tag das absetzen, was meine Großeltern mit Gemüse in einem ganzen Monat erwirtschaftet hatten. Irgendwann sagte ich: »Ich will 5000 Schilling am Tag Umsatz machen.« Das war relativ schnell erledigt. Doch da hatte meine Mutter schon geglaubt, ich spinne. Dann sagte ich: »An die 5000 eine Null dranzuhängen, würde auch funktionieren.« Und spätestens da dachte sie nun, ich sei total übergeschnappt. Aber auch das funktionierte.

Drei Jahre, nachdem wir uns auf dem Markt in Linz über den Weg gelaufen waren, beschloss mein Kompagnon, nach Australien auszuwandern. Er bot mir seine Firma zum Verkauf an – wobei »Firma« eine Übertreibung war, denn sie bestand noch immer aus nicht viel mehr als ihm, seiner Frau und deren Schwester. Dennoch war der Kaufpreis, den ich dafür investieren musste, für meine Verhältnisse sehr hoch. Ich wusste aber, dass seine Firma diesen Preis wert war.

Diese nach außen hin wenig sichtbare Vergrößerung unserer eigenen Firma – fortan standen neben den Jutepuppen eben auch Steinfiguren – hatte für mich eine entscheidende Veränderung zur Folge. Denn damit schafften wir endgültig den Einstieg in den Großhandel: Unsere Kunden waren von nun an nicht mehr die Linzer Hausfrauen vom Südbahnhofmarkt, sondern Supermarktketten, die uns die Produkte in größerer Menge abnahmen. Damit eröffneten sich auch in meinem Kopf ganz neue Perspektiven. Ich fragte mich: Was werden uns die Händler dort am ehesten abkaufen? Und meine Antwort lautete: Dinge, die das Wohlbefinden ihrer Kunden steigern.

Wie ich als Segelflieger in der Luft in meinem Element war, war ich es als Unternehmer zum ersten Mal genau an diesem Punkt. Es war weniger die Freiheit von Vorgaben und Regeln, die die Selbstständigkeit für mich so reizvoll machte. Ganz im Gegenteil: Ich selbst setzte mir die striktesten Regeln, die man sich vorstellen kann, um unseren Kunden hohe Qualität und perfekten Service gewährleisten zu können. Tage, an denen ich zwölf, dreizehn Stunden arbeitete, waren keine Seltenheit, sondern eher die Norm.

Was mich so begeisterte, war die Autonomie, selbst entscheiden zu können, mit welchen Produkten ich meine Kunden glücklich machen wollte. Das Erfüllende am Kreativen ist für mich, diejenigen zufriedenzustellen, die meine Waren kaufen sollen. Deren Geschmack habe ich zu treffen und deren Wünsche zu erfüllen. Ich versuche, mich in sie hineinzuversetzen, um auf die richtigen Ideen zu kommen. Wenn ihre Augen dann strahlen, habe ich alles richtig gemacht. Ob mir selbst der jeweilige Artikel gefällt oder nicht, spielt dabei keine Rolle. Es zählt allein, die Bedürfnisse derer befriedigt zu haben, die etwas von mir kaufen wollen.

Die Konsumindustrie geht leider oft genug nach genau dem umgekehrten Prinzip vor: Sie denkt nicht an die Bedürfnisse ihrer Kunden und entwickelt danach ihre Produkte, sondern sinniert darüber, womit sich in einer Gesellschaft, die eigentlich schon alles hat, noch Geld verdienen lässt, und versucht dann, in den Kunden ein Bedürfnis danach entstehen zu lassen. Doch weil ein hoher Sättigungsgrad vorliegt, muss dieses Bedürfnis jedes Mal aufs Neue mit großem Aufwand künstlich erzeugt werden. Die Werbung versucht, uns im Fernsehen, auf großen Plakatwänden, im Radio, in Zeitungen und im Internet weiszumachen, dass wir nur dann zu glücklichen, erfolgreichen und ausgeglichenen Menschen werden, wenn wir diese Reise unternehmen, jenes Auto fahren und diese Lebensmittel konsumieren. Nur um dann, wenn wieder neue Produkte auf den Markt kommen, die nächste Konsumsau durchs Dorf zu jagen.

Dabei stimmt das genaue Gegenteil: Wer versucht, sich das Glück durch Konsum von außen zuzuführen, verhält sich wie jemand, der unter unreiner Haut leidet und sie mit teurer Schminke übermalt. Meist wird das Leiden unter der Farbschicht nur noch schlimmer, und abgeschminkt ist der Anblick umso grausiger.

Ich dagegen befand mich in der glücklichen Situation, nur über Produkte nachdenken zu müssen, die die Menschen von innen heraus zum Strahlen bringen sollten. Und ich hatte das Glück, mit meinem Gespür dafür relativ oft richtig zu liegen. Es ist eine wunderbare Position für einen Kaufmann, jemandem nicht einreden zu müssen, was er braucht, sondern ihm das zu liefern, was er möchte.

Ehrlicherweise muss ich aber zugeben: Wenn es nicht Menschen gegeben hätte, die den Ideen, die mein Kopf beinahe unablässig ausspuckte, Ordnung und Struktur verliehen hätten, wäre die Firma »Karl Rabeder Kunsthandwerk«, wie ich sie genannt hatte, nie so erfolgreich geworden. Allen voran war es meiner Mutter als Buchhalterin und meiner späteren Frau Irene zu verdanken, dass unsere Firma so schnell wachsen konnte.

Irene und ich lernten uns im Tanzlokal »Oldies« kennen, das nichts weiter war als ein Kellerraum mit spärlicher Beleuchtung und der obligatorischen Discokugel unter der Decke. Ich hatte den einen Keller gegen den anderen eingetauscht: Weil meine Gelenke nicht willens gewesen waren, meine Bodybuilding-Eskapaden mitzutragen, musste ich das Gewichtestemmen schon nach relativ kurzer Zeit wieder sein lassen. Und wären diejenigen, mit denen ich an den Wo-

chenenden im sieben Kilometer entfernten Traun das

»Oldies« besuchte, ähnlich kreativ gewesen wie meine Kraftkollegen aus Linz, wäre aus Karl, dem »Bein«, wohl irgendwann Karl, das »Tanzbein«, geworden, so wie ich die Frauen zu Rock 'n' Roll durch die Gegend warf.

Irene fiel mir eines Abends auf, weil sie inmitten ihrer Studienkolleginnen saß und sich ständig die Nase putzte. Anders als meine männlichen Kollegen, die sie bei den Aufforderungsrunden deshalb sitzen ließen, fand ich sie süß und sprach sie an. Wir tanzten miteinander, stellten fest, dass sie gerade ein Lehramtsstudium absolvierte, und trafen uns in den darauffolgenden Wochen ein paarmal. Ganz langsam und beinahe selbstverständlich wurden wir ein Paar. Irenes Traum war es eigentlich gewesen, Physiotherapeutin zu werden, dazu kam es aber nach Beendigung ihres Studiums genauso wenig wie dazu, als Lehrerin vor einer Klasse zu stehen. Stattdessen fing sie bei mir in der Firma an zu arbeiten, mit einem Jobprofil, das zwischen Büroorganisation und dem Design neuer Produkte hin und her pendelte.

Die Entwicklung von »Karl Rabeder Kunsthandwerk« schritt zügig voran. Durch unsere kreativen Designs, die sich deutlich vom Mainstream abhoben, und unsere Zuverlässigkeit bekamen wir mehr und mehr Aufträge. Ich wurde bei den Verhandlungen im Auftreten souveräner und wir erhielten von unseren Geschäftspartnern das Vertrauen, das wir auch verdient hatten. Denn auf eines konnte man sich bei uns tatsächlich immer verlassen: dass wir genau die Qualität 87 lieferten, die wir versprachen. Das war von Beginn an meine oberste Maxime gewesen: Es gibt bei uns keine halben Sachen, unsere Produkte müssen den höchsten Ansprüchen genügen. Die Einhaltung dieses Gebots forderte ich von mir selbst ein, ich verlangte aber auch von allen anderen, die mit mir zusammenarbeiteten, sich daran zu halten.

Unser erster Großauftrag waren Glücksbringer für den Jahreswechsel, mit denen wir die österreichweit tätige Supermarktkette »Konsum« belieferten. Deren Einkäufer hatte unsere Produkte auf einer Messe gesehen und wollte ausprobieren, wie ihre Kunden darauf reagierten. Bis dahin wurden bei »Konsum« nur kleine Marzipanschweinchen verkauft; wir dagegen hatten Schornsteinfeger, Fliegenpilze, Schweinchen und Kleeblätter aus zusammengeklebten und bemalten Flusssteinen im Angebot. Als ich mir die Bestellung ansah, wurde ich allerdings stutzig. Zur Kette gehörten etwa vierzig Supermärkte. Um sie alle mit unseren Talismanen auszustatten, war die Liefermenge eigentlich zu klein, andererseits war sie aber zu groß, um sie nur in einem Markt absetzen zu wollen.

Bei der Nachbesprechung fragte ich den Einkäufer deshalb, wie es gelaufen sei. Er antwortete, zu seiner Zufriedenheit sei fast alles an den Mann gekommen. Er hatte die Produkte nicht auf Kommission gekauft, sondern sie mir zu einem vorher vereinbarten Preis abgenommen. Ich aber hakte nach: »Worüber ich mir schon lange den Kopf zerbreche – auf wie viele Standorte haben Sie unsere Figuren denn aufgeteilt?«

»Natürlich auf alle«, erwiderte er.

»Das ist aber nicht Ihr Ernst«, antwortete ich, »Sie haben jeweils eine kleine Box mit ein paar Schilling Gegenwert in jeden Supermarkt schicken lassen? Da steckt doch viel mehr Potenzial drin.«

»Woher wollen Sie das wissen?«

»Ich weiß es, weil ich solche Produkte selbst draußen verkauft habe, und sei es nur auf Marktständen. Supermärkte müssen doch noch besser laufen.«

»Wenn Sie das glauben, entwickeln Sie doch selbst ein Konzept.«

»Darf ich Sie beim Wort nehmen?«, fragte ich ihn.

Er bejahte.

Im folgenden Jahr machte ich ihm einen Vorschlag, wie er seine Märkte bestücken sollte. Außerdem bot ich ihm an, alle Waren zurückzunehmen, die er nicht verkaufen würde. Es ging aber fast alles weg. Wir setzten die zehnfache Menge dessen ab, was im Jahr davor verkauft worden war.

Ich habe es sehr genossen, Artikel, Mengen und Verkaufspreise vorschlagen zu können. Damit ging ich zwar selbst ein Risiko ein, hatte dafür aber auch die volle Kontrolle über die gesamte Wertschöpfung. So hielt ich es seitdem auch bei allen anderen Großhandelskunden. Ich sagte ihnen: »Ich mache Ihnen einen Vorschlag und übernehme das volle Risiko – Sie müssen nur Ja sagen.« Das war den meisten natürlich sehr recht. So waren sie selbst dagegen gewappnet, einen Fehlgriff zu landen. Und auch ich hatte, was ich wollte: genau die Freiheit, die ich mir gewünscht hatte.

Die Millionen

Die Entwicklung unserer Firma überstieg alle Erwartungen. In den ersten Jahren hatte ich jeweils noch versucht, in Businessplänen Ziele zu formulieren, an denen wir uns orientieren konnten. Doch weil die Zahlen am Jahresende die Vorgaben jedes Mal bei weitem übertrafen, ließ ich das bald wieder bleiben. Trotzdem dachte ich, dass es nicht schaden könnte, mir mit einem Betriebswirtschaftsstudium das theoretische Rüstzeug für das anzueignen, was ich Tag für Tag in der Praxis tat.

Der Ausflug in die reine Unternehmerlehre erwies sich in meinem Fall jedoch als genauso sinnlos wie das Formulieren von Businessplänen. Die Theorie besagt ja, dass man gerade am Anfang unheimlich viel arbeiten muss, um eine Firma zum Laufen zu bringen, ohne dass man dabei nennenswerte Gewinne verzeichnen könnte.

Während einer Vorlesung erklärte ich deshalb meinem Professor: »Wissen Sie, bei mir läuft das ganz anders. Ich habe eine zwar kleine, aber gutlaufende Firma. Und wir haben von Beginn an Gewinne gemacht.« Ich erlaubte mir, ihn zu fragen, ob auch er eine Firma habe, in der er praktische Erfahrungen sammeln könne, und wie es da so laufe.

Nein, entgegnete er mit leicht rotem Kopf, er habe noch nie eine Firma gehabt, das sei aber auch gar nicht nötig. Meine Antwort darauf habe ich ihm und mir erspart: »Wie können Sie Wirtschaft unterrichten, wenn Sie noch nie Wirtschaft betrieben haben?« Der Mann kam mir vor wie ein katholischer Pfarrer, der über seine Erkenntnisse in Sachen Familie und Sexualität doziert. Also ließ ich den Professor in Linz weiterpredigen, ohne dabei ständig von mir unterbrochen zu werden, und kümmerte mich von Leonding aus darum, die Theorie zu widerlegen.

Unserem kleinen Häuschen wuchs der Erfolg bald bis schier übers Dach. Nach und nach belagerten die Kartons mit unseren Produkten jedes Zimmer. Nur das Schlafzimmer blieb tabu. So sehr mich meine Arbeit auch erfüllte, bis in den Schlaf hinein sollte sie mich dann doch nicht verfolgen können. Die Nachwirkungen der Botschaft meines Großvaters waren insofern noch erkennbar, als ich zwar nur noch selten den Tag Tag, dafür aber immer die Nacht Nacht sein ließ. Ich folgte ihr stattdessen auf eine andere Weise: Die Arbeit unserer Firma war von Anfang an so organisiert, dass wir ein halbes Jahr lang so hart arbeiteten, wie ich das einst von meiner Großmutter vorgelebt bekommen hatte, dafür aber das andere halbe Jahr umso mehr unsere Freizeit genossen. Es war also sozusagen nur eine Halbjahresmühle, in die wir uns steckten.

Hochsaison war für uns die Vorweihnachtszeit, wenn es sich die Menschen in ihren Häusern gemütlich machen, indem sie Tannenkränze auf die Tische legen und dazu Kerzen anzünden. Darauf war der Großteil unseres Sortiments ausgerichtet, zum Teil mit Artikeln, die ich selbst alles andere als schön fand: Kerzen in Orchideenform zum Beispiel oder welche mit Folkloremotiven.

Der Einstieg in den Supermarkthandel hatte sich für uns als wertvoller Türöffner herausgestellt: In den folgenden Jahren bauten wir unsere eigenen Stände in den Supermärkten hinter der Kasse auf. Auf diese Weise konnten wir den Kunden unser Sortiment genau so anbieten, wie wir das für richtig hielten – so verbreitete sich ein Stück Linzer Südbahnhofmarkt-Atmosphäre über ganz Österreich. Die Kunden stürmten geradezu unsere Verkaufsstände und sorgten Jahr um Jahr dafür, dass wir weder Weihnachten noch Silvester feierten, weil wir dafür viel zu beschäftigt und zu kaputt waren.

Die Monate vorher waren jeweils knochenhart – mit Tagen, an denen wir, wenn wir mal nur zehn Stunden arbeiteten, das Gefühl hatten, richtig früh Feierabend machen zu können. Die Regel waren eher vierzehn bis achtzehn Stunden. Meine Devise war immer: Wenn wir arbeiten, dann mit voller Kraft. Dafür können wir dann aber auch die ruhigen Frühlings- und Sommermonate auskosten, wenn in der Firma eh fast nichts zu tun ist. Dahinter steckte natürlich auch purer Egoismus: Ich brauchte die Zeit ja zum Segelfliegen.

Mit meinem eigenen Flugzeug, einem »Standard-Jantar«, war ich so gut wie jede freie Minute in der Luft, ich trainierte meine Sicherheit genauso wie meine Intuition. Es war ein Flieger von der eher ungemütlichen Sorte: Er verzeiht kaum Fehler und verlangt die volle Konzentration des Piloten. Man muss den Himmel sehr genau beobachten und die unsichtbaren Kräfte zu erspüren versuchen, um mit ihm sicher durch die Luft gleiten zu können. Die kleinsten Turbulenzen können bei zu geringer Eigengeschwindigkeit dazu führen, dass das Flugzeug zu einer der beiden Seiten wegkippt und ins Trudeln gerät.

Dafür belohnt es den Piloten, der es zu bedienen weiß, mit dem Gefühl, eins zu sein mit den Kräften des Himmels. Wer sich als Vogel begreift, setzt sich ungern den Elementen aus, er liebt es, sie als Freunde zu nutzen und als Partner. Wenn man weiß, wie, ist der Jantar dafür ein wunderbares Werkzeug. Außerdem ist er vergleichsweise günstig. Auch das war für mich damals ein wichtiges Argument, als ich mir ihn im Alter von nur 22 Jahren gekauft hatte.

In dieser Zeit gewöhnte ich mir an, meine Entscheidungen in der Luft nach dem Prinzip der größtmöglichen Sicherheit, oder anders gesagt: der Risikominimierung, zu treffen. Ich fragte mich in kniffligen Situationen: »Was ist das Schlimmste, was passieren kann?« Wenn das Schlimmste nur unbequem war, zum Beispiel eine Außenlandung auf einer Wiese statt auf einem Flugplatz, war dies für mich eine sichere 94 Entscheidung.

Wenn jedoch das Risiko bestand, Gesundheit oder Leben zu verlieren, suchte ich nach Alternativen. Je selbstbewusster ich im Flugzeug wurde und je weniger ich deshalb anderen bloß hinterherflog, umso mehr kam es ja darauf an, meine eigenen Entscheidungsmuster zu entwickeln: Werde ich unter der Kumuluswolke, die ich am Horizont erkennen kann, tatsächlich einen Aufwind finden? Wie sieht die Situation wohl hinter dem Bergkamm aus, auf den ich gerade zufliege? Wie weit komme ich noch mit der Höhe, in der ich im Moment unterwegs bin? In solchen Momenten treffe ich meine Entscheidungen seitdem immer, indem ich sie mit allen möglichen Konsequenzen durchdenke und sie nur dann umsetze, wenn beim schlechtestmöglichen Verlauf weder Gesundheit noch Leben gefährdet sind.

Manchmal musste ich durch mein Entscheidungsprinzip der Risikominimierung andere Piloten vorbeiziehen lassen, aber in den meisten Fällen bin ich damit sehr gut gefahren. Oder besser gesagt: geflogen. Beim Segelfliegen liegt dieses Prinzip auf der Hand, die wenigsten sind ja bereit, ihr Leben aufs Spiel zu setzen. Im Alltag sieht das schon anders aus: Viele treffen Entscheidungen, indem sie auf den bestmöglichen Verlauf einer Entwicklung setzen – und fallen bereits aus allen Wolken, wenn sie nur halb so gut verläuft. Ich wende mein Entscheidungsprinzip bis heute an: Nur wenn ich auch mit der schlechtestmöglichen Konsequenz leben kann, weiß ich, dass die Entscheidung richtig ist.

Mit zunehmender Sicherheit stieg damals auch meine Lust, andere Segelflugreviere kennenzulernen. Die Gegend um meinen Heimatflughafen in Linz kannte ich irgendwann bis in jeden Winkel. Es brauchte bergige Alternativen, es gibt für mich nichts Langweiligeres, als über Flachland zu fliegen. Das ist, als würde man sich ein Mountainbike mit Vollfederung und 18-Gang-Schaltung kaufen und damit dann über die geteerten Wege eines Großstadtparks rollen, wo einem schon ein Sprung vom Bordstein oder über eine Baumwurzel am Wegesrand wie ein Abenteuer vorkommt.

Umso mehr liebe ich es, Berglandschaften zu überqueren, egal, ob in Österreich, Frankreich oder in Südamerika. Diese Vorliebe sollte eine große Veränderung in meinem Leben bewirken: den Umzug in eine neu erbaute Luxusvilla in Tirol. Doch bevor es so weit kommen konnte, musste ich erst Millionär werden – was damals in Schilling zugegebenermaßen schneller ging als heute in Euro. Auf die erste Schilling-Million folgte die nächste, auf die zweite die dritte – so lange, bis ich auch ein Euro-Millionär wurde.

Was sich über die Jahre mehr und mehr abzeichnete, war, dass mein extrem hohes Qualitätsbewusstsein zu einer Art Alleinstellungsmerkmal für uns wurde. Unsere Firma lieferte einfach immer Spitzenleistung ab, auch dann, wenn wir durch die Absenkung des Niveaus mehr Gewinn hätten erwirtschaften können. Von den Sparphilosophien, einen möglichst niedrigen Preis zum Diktat des eigenen Handelns zu machen, 96 habe ich nie etwas gehalten.

Ich war immer der Überzeugung, dass der Kunde das verdient, was er sich von mir erwartet. Wenn ich ihm Topqualität versprochen habe, muss ich auch Topqualität liefern. Vertue ich mich am Ende im Preis, ist das mein Problem, dann habe ich eben weniger verdient. Setze ich von vornherein einen höheren Preis an, muss mein Geschäftspartner eben bereit sein, ihn zu bezahlen. So habe ich das auch immer gegenüber den Einkäufern der Supermarktketten kommuniziert, mit denen wir zusammengearbeitet haben: »Sie können gern etwas Spottbilliges haben. Das kriegen Sie aber nicht von mir, kaufen Sie es irgendwo anders ein. Oder aber Sie wollen einen Rundum-sorglos-Service, bei dem alles wie am Schnürchen läuft, dann hat der seinen Preis. Der mag geringfügig über dem der anderen liegen, aber auch Ihre Kunden werden zufrieden sein.« Die Mehrzahl hat interessanterweise gesagt: »Wir machen das genau so, wie Sie es vorgeschlagen haben.«

Doch so sehr uns diese Haltung nach außen hin Respekt und damit Aufträge verschaffte, als ebenso problematisch erwies sie sich zum Teil für meinen Umgang mit unseren Mitarbeitern. Von ihnen forderte ich genau dasselbe Qualitätsbewusstsein ein, das ich an den Tag legte. Das führte aber mitunter dazu, dass sie Angst vor mir bekamen. Denn wenn ich bei jemandem das Gefühl hatte, er gibt nicht alles, um meinen und den Vorstellungen unserer Kunden gerecht zu werden, konnte es mit mir sehr unangenehm werden. Viele werden sich gedacht haben: »Der lebt in einer anderen Welt.« Und, ja, so war es.   97

Immer wieder kam es deshalb bei mir zu cholerischen Ausbrüchen, weil ich nicht akzeptieren konnte, dass jemand meine Ansprüche ignorierte oder nicht seine volle Leistung brachte und damit aufs Spiel setzte, was wir aus eigener Kraft aufgebaut hatten. Durch schlechte Arbeit fühlte ich mich persönlich missachtet, angegriffen und beleidigt. Ich verurteilte dann nicht nur die schlechte Arbeit, sondern den ganzen Menschen. Mir war es lieber, wenn jemand zu mir kam und sagte: »Herr Rabeder, ich bin heute einfach unkonzentriert, weil mein Mann krank ist, ich gehe besser nach Hause«, als den Mund zu halten und schlechte Arbeit abzuliefern.

Oft schoss ich dabei jedoch weit übers Ziel hinaus. Wenn ich erst einmal in Rage war, wurde ich auf einer Welle von Wut und Zorn davongetragen. Hinterher taten mir solche Ausbrüche ausgesprochen leid, sie hinterließen bei mir die gleiche bedrückende Leere wie bei den Adressaten solcher Tiraden. Wenn ich auf ein Problem cholerisch reagierte und meinen Willen lautstark durchzusetzen versuchte, hieß das ja nicht, dass nicht gleichzeitig auch eine innere Instanz spürte, dass dieses Verhalten falsch war. Das führte dann dazu, dass ich mich mit einem schlechten Gewissen herumplagte und mich für mein Verhalten entschuldigte. Dies änderte jedoch nichts daran, dass dieses Verhalten das Miteinander nachhaltig beeinträchtigte.

Insgeheim spürte ich schon damals, dass etwas nicht passte bei dem, was ich tat. Unsere Firma war zwar im

Sinne der ökonomischen Entwicklung höchst erfolgreich. Was mir aber fehlte, war der Sinn meines Tuns. Dass Leute bei sich zu Hause eine Kerze anzünden können, wenn es draußen kalt wird, sich das Wohnzimmer mit einem Gesteck verschönern oder sich ein erfolgreiches Jahr von einer kleinen Steinfigur erhoffen, ist schön und gut. Es entbehrt für mich aber jeden tieferen Sinns, solange gleichzeitig auf anderen Kontinenten Menschen in bitterer Armut leben und jeden Tag Tausende von Kindern sterben, nur weil der, der sich die Kerze anzündet und danach in den Fernseher stiert, nicht eine Spur von Verantwortung zu übernehmen bereit ist. Und der, der die Kerze verkauft, es genauso wenig tut.

Ich war auch jemand, der sich gern zu Hause einspann, gerade in den Jahren des größten Erfolgs saß ich selbst Abend für Abend vor dem Fernseher und wollte nichts anderes als meine Ruhe. Immer mehr wurde mir jedoch bewusst, welch Staubkörnchen ich auf diesem Planeten bin und dass es uns Staubkörnchen auf der Nordhalbkugel nur deshalb so gutgeht, weil wir vor allem auf Kosten der Staubkörnchen auf der Südhalbkugel leben. Dass ich nicht nur Teil dieser satten und zufriedenen Welt war, sondern darüber hinaus von ihr sogar profitierte, machte mir in stillen Momenten sehr zu schaffen.

Aber dadurch, dass ich mir viele Wünsche erfüllen konnte, die für andere Menschen vermeintlich so viel Glück bedeuten, dachte ich, dass ich mich nicht beschweren dürfte. Solche grundsätzlichen Zweifel kamen fast immer nur in ruhigen Minuten auf, spätestens am nächsten Morgen, wenn ich wieder an meinem Schreibtisch saß, waren sie meist wieder verflogen. Es ist ein Muster, wie es letztlich auch schon die alten Römer nach dem Motto »Brot und Spiele« angewandt haben: »Lasst uns das Volk beschäftigt halten, gebt den Menschen Brot und Spiele, dann können sie nicht zu viel nachdenken.« Ich habe mir selbst genauso Brot und Spiele gewährt und brav den gesellschaftlichen Standardauftrag erfüllt, der darin bestand, ein nach außen hin glückliches Leben zu führen.

Wir bekommen es ja permanent vorgebetet, keinem wird zugestanden, dass es bei ihm oder ihr anders sein könnte: »Such dir einen Job mit einem sicheren Einkommen, dann hast du keinen Grund mehr, unglücklich zu sein. Konsumiere brav vor dich hin, zieh dir jedes Jahr deinen Jahresurlaub rein und schreie laut Hurra! Und dann geh irgendwann in Rente.«

Meine Reaktion auf solche Zweifel war deshalb allenfalls der Selbstzweifel: »Kann es nicht sein, dass meine Einschätzung falsch ist? Vielleicht bin ich einfach unbescheiden. Vielleicht will ich einfach immer mehr, obwohl ich schon so viel habe. Vielleicht aber gibt es andererseits hinter dem, was ich bereits erreicht habe, etwas, das noch schöner ist.« Meine Hoffnung war, dass ich vermutlich wunschlos glücklich sein würde, wenn ich noch mehr erreicht haben würde.

Ich habe damals noch nicht verstanden, dass ich dafür nicht mehr brauchte, sondern weniger. Davon aber war ich zu diesem Zeitpunkt sehr, sehr weit entfernt. Stattdessen arbeitete ich nur noch härter daran, alle Möglichkeiten auszuschöpfen, die sich mir boten. Es ging mir in erster Linie aber gar nicht darum, reich zu werden. Es war weniger das Geld an sich, das für mich erstrebenswert war, das war ja nur Mittel zum Zweck. Der wichtigere Wert war für mich die persönliche Freiheit. Damit hat mich das System aber letztlich aufs Kreuz gelegt, weil es sinngemäß versprach: »Mit viel Kohle bist du frei!« Heute weiß ich, dass dieses Versprechen nicht stimmt.

Ein Leben ohne finanzielle Nöte hat ja auch durchaus seine Reize. Neben meinen Segelflug-Reisen erlaubten Irene und ich uns schöne Urlaube, wir gingen in feinen Restaurants essen und genossen das Gefühl, uns nahezu jeden Wunsch erfüllen zu können. Dass wir uns diesen Status selbst erarbeitet hatten, trug viel zu der Befriedigung bei, die wir dabei spürten.

Als ich neunundzwanzig Jahre alt war, wäre es mit diesem Leben allerdings um ein Haar vorbei gewesen. Es fehlte nicht viel, und mein Jantar hätte mich während meiner ersten österreichischen Meisterschaft in einen Absturz verwickelt, den ich vermutlich nicht überlebt hätte. Ich war mit diesem Flugzeug schon gut tausend Stunden in der Luft gewesen und dachte deshalb, ich hätte den Flieger im Griff. Weil ich daran ein paar Modifikationen vorgenommen hatte, hatte ich das Gefühl, dass meiner nicht so giftig war wie die anderen seines Typs.

Es war der erste oder zweite Wertungsflug, wir waren unterwegs in der Gegend von Admont, als ich relativ tief gesunken war. An einer eher unlogischen Stelle, auf der Nordseite eines Berges, die also im Schatten liegt, finde ich einen Aufwind. Kreise drehend steige ich langsam nach oben, plötzlich beginnt der Flieger zu trudeln, ohne dass ich irgendetwas dazu beigetragen hätte. Er ist über eine Fläche weggekippt und hat begonnen, sich um die eigene Achse zu drehen. Von einem Moment auf den anderen ist er nicht mehr steuerbar, ich stürze unkontrolliert dem Boden entgegen. Ich empfinde dabei aber keinerlei Todesangst, weil dafür gar keine Zeit bleibt. Ich bin voll darauf konzentriert zu spüren, wie der Flieger reagiert, um ihn irgendwie wieder unter meine Kontrolle zu bringen.

Aus meiner Kunstflugausbildung weiß ich, was zu tun ist, und steuere sofort in das Standard-Ausleit-Manöver. Doch nichts passiert, kein Ruderdruck. Und so trudle ich, rasch an Höhe verlierend, auf eine Waldlichtung zu. Es dauert eine gefühlte Ewigkeit, bis die Strömung am Flügel endlich wieder anliegt und der Flieger die Drehung beendet. Durch das Trudeln habe ich nicht nur viel an Höhe verloren, der Flieger hat auch auf gut 180 Kilometer pro Stunde beschleunigt und schießt nun im steilen Sinkflug auf die Waldlichtung zu. Ich ziehe beherzt am Knüppel, etwa zehn Meter über dieser Lichtung liegt der Flieger wieder horizontal.

Wären die Bäume dort nicht kurz vorher abgeschnitten worden oder wäre ich zu Beginn des Trudelns ein paar Meter tiefer gewesen, wäre ich wahrscheinlich einer der vielen geworden, die mit diesem Flugzeugtyp ums Leben gekommen sind. Allein bei uns im Verein gab es zwei Tote und eine Serie weiterer in anderen Clubs. Denen war genau das passiert, was ich erlebt hatte.

Als alles vorüber war, begannen meine Knie wie wild zu zittern. Anschließend stieg ich zwar wieder in diesem Aufwind, ich brauchte aber bestimmt fünf Minuten, bis ich wieder leidlich ruhig war. Die Ursache für diesen Beinahe-Absturz war, dass die Atmosphäre in ständiger Bewegung ist, manchmal kann es da extrem turbulent werden. Das ist kein großes Problem, wenn die Turbulenz beide Flügel gleichmäßig trifft. Ist sie jedoch so kleinräumig, dass an einem Flügel etwas anderes passiert als am anderen, kann einseitig die Strömung abreißen – der Flieger gerät ins Trudeln. Hätte ich geahnt, dass das passieren könnte, hätte ich vorher zehn Stundenkilometer schneller fliegen können, dann wäre vermutlich nichts geschehen. So etwas lässt sich aber vorher kaum abschätzen. Wenn auf einer Seite die Strömung abreißt, hat das bei den meisten Flugzeugen keine so verheerenden Folgen. Andere Flieger gehen zart über die Fläche weg, und man hat sofort wieder Ruderdruck. Der Standard-Jantar verträgt so etwas allerdings weniger gut.

Nachdem ich diesen Flug überlebt hatte, flog ich die Meisterschaft sehr vorsichtig weiter. Als der Wettbewerb vorbei war, bot ich meinen Flieger sofort zum Verkauf an. Ein Verein in der Steiermark war interessiert. Als die Steirer das Flugzeug inspizierten, sagte ich zu ihnen: »Ihr seid euch schon bewusst, was ihr da kauft. Das ist ja auch der Grund, warum ich es so günstig verkaufe.« Aber die meinten nur: »Ja ja, macht nichts, wir haben eh ein paar Flieger im Verein, die ziemlich kritisch sind, da passt der Jantar gut dazu.« Soweit ich weiß, dreht das Flugzeug noch heute seine Runden über der Steiermark.

Danach bestellte ich sofort einen neuen Flieger. Bei meinem ersten eigenen Segelflugzeug hatte noch die Regel gegolten: »Was gut ist, ist einfach teurer. Das Teure kann ich mir aber noch nicht leisten.« Weil sich meine finanziellen Möglichkeiten in den sieben Jahren dazwischen grundlegend geändert hatten, zog ich nun den vermeintlich logischen, aber nicht immer richtigen Schluss: Ich schätzte die Qualität eines Produkts allein in Relation zu seinem Preis ab. Ich dachte: Was teurer ist, muss automatisch besser sein!

Also war mein nächstes Flugzeug ein »Ventus CM«, ein sogenanntes eigenstartfähiges Segelflugzeug. Es ist ausgestattet mit einem Motor, den man zum Starten ausklappen kann. Wenn man auf zum Beispiel 1000 Meter über dem Platz gestiegen ist, klappt man das Triebwerk ein und hat ein reines Segelflugzeug. Das ist eine angenehme Variante des Segelfliegens, weil man damit ganz unabhängig ist. Man kann ohne fremde Hilfe starten, und falls man einmal keinen Aufwind findet, kann man den Motor wieder ausfahren und zusätzliche Höhe gewinnen. Ich musste damit zum Beispiel nie auf einer Wiese außenlanden. Manche

Segelflieger halten das Fliegen mit Klapptriebwerk für unsportlich, ich aber finde, es nimmt dem Segelfliegen nichts von seinem Reiz, wenn man eine Backup-Lösung im Kofferraum hat. So wie ein schlauer Mensch einmal sagte: »Geld macht nicht glücklich. Aber es gestattet uns, auf verhältnismäßig angenehme Weise unglücklich zu sein.«

Der Umzug

Mein neues Segelflugzeug war das erste Luxusobjekt, das ich mir leistete. Doch so sehr es mich auch freute, damit fliegen zu können, so unangenehm war es mir gleichzeitig, damit gesehen zu werden. Ich kam mir vor, als hätte ich mir eine mit Diamanten besetzte Rolex und einen Pelzmantel gekauft und würde damit durch Linz stolzieren. Mir waren Menschen schon immer suspekt, die ihren Reichtum demonstrativ zur Schau stellen, und ich wollte auf gar keinen Fall als Angehöriger dieser »Geld ist geil«-Fraktion abgestempelt werden. Im Gegenteil: Ich fuhr ein unauffälliges Auto und trug einfache Kleidung. Aber jetzt war ich Besitzer eines derart auffälligen Flugzeugs.

Wenn mich jemand fragte, woher ich das viele Geld hätte, um mir so ein teures Ding leisten zu können, erzählte ich deshalb etwas von »Kredit aufgenommen« oder »von meinen Beinahe-Schwiegereltern geliehen«. Es brauchte niemand zu wissen, dass ich die umgerechnet 60 000 Euro für das Flugzeug in bar hatte bezahlen können. Ich war ein begeisterter Segelflieger und wollte lieber mit meinen fliegerischen Fähigkeiten auf mich aufmerksam machen als mit meinem Geld.

Das gelang glücklicherweise auch recht bald: 1993 gewann ich damit meine erste Meisterschaft. Start und Ziel war der Flughafen im Örtchen Lienz südlich vom Alpenhauptkamm. An zwei der insgesamt fünf Wettbewerbstage flog ich wie ein Außerirdischer, mit einer traumwandlerischen Sicherheit, die mir selbst fast unheimlich war. Mir war es an beiden Tagen als Einzigem gelungen, die gestellten Aufgaben zu bewältigen. Die Wetterbedingungen waren ausgesprochen widrig, am ersten Tag flog ich deshalb sogar bis nach Italien, weil ich dort eine vernünftige Wolke ausgemacht hatte, während es rundum wie aus Kübeln goss.

In einem kaum noch vorhandenen Aufwind hielt ich mich dann eine Dreiviertelstunde lang in der Luft und wartete darauf, dass das Wetter auf der Wettbewerbsroute wieder besser wurde. Als ich mich im Anflug auf den Flughafen Lienz-Nikolsdorf befand, nahm ich auf unserer Privatfunkfrequenz zuerst Kontakt zu Irene auf, die mich bei den Wettbewerben stets vom Boden aus betreute. »Gut, dass du einen Motor im Flugzeug hast«, sagte sie, im festen Glauben, dass ich mich nur so lange hatte in der Luft halten können, weil ich irgendwann auf Motorbetrieb umgestellt hatte.

»Was meinst du damit?«, fragte ich zurück und erklärte ihr, dass ich einen Umweg hatte fliegen müssen, weil mich sonst wohl der Regen vom Himmel gewaschen hätte. »Es werden in den nächsten Minuten

108

bestimmt noch ein paar andere Flieger zum Flugplatz zurückkehren«, sagte ich. Nein, erwiderte sie, da käme keiner mehr, alle anderen Teilnehmer seien schon längst gelandet, nämlich auf irgendwelchen Wiesen und Feldern entlang der Strecke.

Weil ein weiterer Tag ähnlich verlief, war ich danach nicht nur überlegener Gewinner der Tiroler Landesmeisterschaft, sondern auch ein relativ bekanntes Gesicht in der übersichtlichen Segelflugszene Österreichs. Es war mir darüber hinaus auch gelungen, mit diesem Flugzeug in eine neue Dimension meines Segelfliegens vorzudringen. Ich war ein schier grenzenlos glücklicher Mann – wären da nicht meine regelmäßig wiederkehrenden inneren Zweifel gewesen.

Nichtsdestotrotz beschlossen Irene, meine Mutter und ich, für uns und unsere Firma einen neuen Sitz zu suchen. Es gab dazu keine Alternative: Das Haus in Leonding platzte aus allen Nähten, überall standen Kartons, in der Hochsaison gab es – bis aufs Schlafzimmer – praktisch keinen freien Flecken mehr im Haus. Auch der Anbau war überfüllt, den meine Mutter gemeinsam mit dem Mann gebaut hatte, den sie nach meinem Vater für ein paar Jahre in ihr Leben gelassen hatte. Nachdem wir alle Möglichkeiten gegeneinander abgewogen hatten, kristallisierte sich heraus, dass wir unsere Zelte in Tirol aufschlagen wollten. In einem Haus, das sowohl Wohn- als auch Geschäftsräume bieten sollte sowie ein eigenes Apartment für meine Mutter. Und in einer Gegend, in der ich hemmungslos meiner Berglust nachfliegen konnte.

Wegen der Segelfliegerei fiel die Wahl also auf Tirol: Seit Beginn meiner Segelflug-Leidenschaft stehen die Bücher des Deutschen Jochen von Kalckreuth in meinem Regal. Der Segelflugpionier war der Erste, der die Alpen in ihrer ganzen Schönheit mit seiner Kamera festhielt und sie in Büchern beschrieb – bis er eines Tages mit seinem Flugzeug zu hoch stieg, wegen Sauerstoffknappheit ohnmächtig wurde und nicht mehr eingreifen konnte, als sein Flugzeug beim anschließenden Sinkflug zu schnell wurde und in der Luft in seine Einzelteile zerbrach. Von Kalckreuth ist seiner Leidenschaft zum Opfer gefallen, sein Vermächtnis allerdings ist in mir lebendig geblieben und hat meine Begeisterung für die Alpen entfacht.

Bei einem Wettbewerb im italienischen Rieti lernten Irene und ich dann ein Ehepaar in unserem Alter kennen, das in der zauberhaften Bergwelt nahe Innsbruck wohnte und uns zu einem Besuch in ihr Haus einlud. Damit war die Sache entschieden.

Bevor wir uns von Maklern die ersten Häuser zeigen ließen, machten wir einen Kassensturz, um herauszufinden, was wir uns leisten konnten. Ich rechnete alle Kontostände zusammen und stellte zu meiner eigenen Überraschung fest: Wir hatten bereits so viel Geld verdient, dass wir das Arbeiten eigentlich hätten einstellen und uns zur Ruhe setzen können. Doch es wäre eine wenig verlockende Aussicht für mich gewesen, nichts mehr zu tun zu haben – hätte mich das doch erst recht mit der Tatsache konfrontiert, dass ich zwar ein nach außen hin zufriedenes, aber tief in mir drinnen in keiner Weise befriedigendes Leben führte. Und so entschied ich mich, das Geld lieber in eine Luxusvilla zu investieren und von dort aus weiter am Gedeih unserer Firma zu arbeiten. Ich setzte mich, wenn man so will, mit voller Absicht zur Unruhe.

In Leonding haben wir sehr einfach gelebt, deshalb war die Sehnsucht riesig, endlich einmal richtig schön zu wohnen. Im Vorfeld der Besichtigungen der knapp hundert Immobilien bekamen wir immer dieselbe Frage gestellt: »Was genau suchen Sie?« Als wir unsere Vorstellungen ausbreiteten, merkten wir jedes Mal, wie die Makler mit dem Rechnen begannen und irgendwann zum Ergebnis kamen, dass sie sich die Arbeit sparen konnten. Nach dem Motto: Das, was diesen beiden Fantasten da im Kopf umherschwirrt, können sie sich ohnehin nicht leisten. Auf die Frage nach unserer Schmerzgrenze antwortete ich: »Um die zehn Millionen Schilling.«

Diese zehn Millionen Schilling waren damals wenigstens so viel wert wie heute eine Million Euro. Die Reaktion: ungläubiges Stirnrunzeln. Manche fragten dann noch, wie wir uns das denn mit der Finanzierung vorstellten. Wenn ich darauf erwiderte, dass wir nichts finanzieren müssten, war die Sprachlosigkeit komplett. Unfassbar! Da steht ein Paar Anfang dreißig und redet über ein Ein-Millionen-Euro-Haus, das es aus eigener Tasche bezahlen kann. Wie können die sich das bloß leisten? Das kann doch nicht mit rechten Dingen zugehen.

So fuhren wir ein ums andere Mal nach Tirol und schauten uns tolle Häuser an, doch bei keinem einzigen signalisierte uns der Bauch, dass wir uns dort auch zu Hause fühlen würden. Irgendwann lief es deshalb auf die einzige uns plausibel vorkommende Lösung hinaus: Wenn es das Haus nicht gibt, das unsere Wünsche erfüllt, dann bauen wir es uns eben selbst. Wir schauten uns nach einem Grundstück um und fanden es neben dem des Ehepaares, das wir in Rieti getroffen hatten, am Hang oberhalb der kleinen Gemeinde Telfs, zwanzig Kilometer westlich von Innsbruck gelegen, mit unverstelltem Blick auf das Inntal und die Stubaier Alpen dahinter. Als wir dort oben standen, blickten wir zwischen den Bäumen talwärts und sagten uns: »So wollen wir auch wohnen.« Also kauften wir der Gemeinde den Grund ab und planten mit demselben Architekten, der auch das Haus unserer künftigen Nachbarn baute, den Ort, an dem wir uns niederlassen wollten.

So bescheiden wir noch in Leonding gelebt hatten, so sehr übertrieben wir es jetzt: Wir entwarfen ein Luxushaus mit Panoramafenstern und teuren Vollholzmöbeln, mit einem eigenen Sauna- und Fitnessbereich und Büroräumen für die Firma, mit einer Wohnung für meine Mutter und einer riesigen Garage für unsere Autos. Das Ganze eingebettet in einen knapp 3000 Quadratmeter großen Garten mit einem künstlich angelegten Schwimmteich. Und einer Gartenbar, an der wir in lauen Sommernächten Cocktails schlürfen würden. Im Geiste spazierte ich schon durch die einzelnen Räume und hatte die Hoffnung, in diesem Haus endlich mein Glück zu finden. Konnte man sich etwas Schöneres erträumen, als in eine solche Villa zu ziehen und zu wissen, dass man sie sich selbst erarbeitet hat?

Wenn ich mir selbst gegenüber damals allerdings schon ehrlich genug gewesen wäre, hätte ich die Pläne in den nächstbesten Papierkorb werfen müssen. In mir hatte sich längst etwas entwickelt, das spürte, dass mich auch dieser Schritt nicht glücklich machen würde. Es war eine Kraft, die ich heute die Stimme meines Herzens nenne. Ich konnte sie ziemlich deutlich hören. Aber ich hatte nicht den Mut, das, was sie zu sagen hatte, bis in mein Bewusstsein vordringen zu lassen. Und überhaupt: »Stimme meines Herzens!« Hätte mir damals jemand geraten: »Karl, hör auf die Stimme deines Herzens«, hätte ich ihm wohl geantwortet: »Ich höre keine Stimmen. Und wenn du welche hörst, geh besser zum Psychiater.« Ich war in jener Zeit noch das Paradebeispiel für einen Unternehmer, der seine Augen gerade so weit öffnet, dass er nur sieht, was er sehen möchte – und der damit für alles außerhalb seines Blickfelds auch keine Verantwortung übernehmen muss.

Unter welchen Umständen unsere Produkte hergestellt wurden, interessierte mich beispielsweise nur am Rande. Je größer die Stückzahlen unserer Aufträge wurden, umso mehr stellte sich die Frage, wo wir unsere Accessoires wie Kerzen und Kerzenständer kostengünstig in großer Menge produzieren lassen konnten. So hoch hätte die Qualität gar nicht sein können, dass wir die Produktion in Österreich hätten halten können – unsere Preise hätten jenseits aller Konkurrenzfähigkeit gelegen. Nach dem Fall des Eisernen Vorhangs verlagerten wir deshalb einen Teil unserer Herstellung nach Polen und Ungarn. Doch das Maß, mit dem wir auf diese Weise unsere Kosten senken konnten, war nichts im Vergleich dazu, wie günstig wir in China produzieren lassen konnten.

Das zu organisieren, ist deutlich einfacher, als man sich das gemeinhin vorstellt. In China oder bereits hier in Europa sitzen Händler, über die man genau die Waren in der Volksrepublik produzieren lassen kann, die man bestellt. Sie kümmern sich darum, dass die Muster nach Asien transportiert werden, ein paar Wochen später landen die vollgepackten Kartons in Europa. Man muss kein einziges Mal selbst nach China reisen, wenn man dort etwas herstellen lassen will. Das hat höchst angenehme Konsequenzen. Man muss sich nicht fragen, ob in den beauftragten Firmen etwa Kinder arbeiten, ob Giftstoffe im Einsatz sind, die Ruhepausen eingehalten werden und die Mitarbeiter ihr Recht auf Mitbestimmung wahrnehmen können. Es liegen ja Tausende von Kilometern dazwischen. Solange die Menschen keine Identität besitzen, sondern nur als Kostenfaktoren in den Bilanzbüchern auftauchen, muss man sich auch keine Gedanken über sie machen. Das Einzige, was zählt, ist, dass die Waren kostengünstig produziert werden und gut aussehen.

Das nennt man dann Globalisierung.

Andererseits: Die Sache mit dem Aussehen hatte auch ihre Tücken. Natürlich gab es exakte Muster, an denen sich die chinesischen Arbeiter orientieren sollten. Doch an Details konnte man durchaus erkennen, dass die Produkte in einem anderen Kulturkreis angefertigt wurden. Auf manchen unserer Kerzen gab es zum Beispiel Gesichter, deren Züge auf unseren Vorlagen eindeutig westeuropäisch waren. Doch auf den Exemplaren aus China konnte man sehen, dass derjenige, der die Gesichter gemalt hatte, ein asiatisches Menschenbild im Kopf hatte. Das Bemühen, möglichst nah ans Original heranzukommen, war offensichtlich, trotzdem waren etwa die Augen um Nuancen zu schmal oder die Nasen zu klein. Manchmal war auch die Farbgebung etwas eigenwillig, es wurden mitunter Farben verwendet, die gerade auf Lager waren, auch wenn sie dem Muster nicht wirklich entsprachen.

Da steht man dann in Österreich, öffnet die Kisten und dreht fast durch. Aber was will man machen, so ist das Leben eines Unternehmers, der sich vorgenommen hat, seinen Gewinn zu maximieren. Da muss man gewisse Unwägbarkeiten eben in Kauf nehmen.

Bei allem Komfort, mit dem sich die Geschäfte zwischen Österreich und China abwickeln ließen, kam in mir trotzdem irgendwann der Wunsch auf, nach Asien zu reisen, um unsere Partner selbst auszusuchen. Weniger, weil ich mit der Arbeit unzufrieden gewesen wäre, meistens waren die Produkte ja in Ordnung, sondern vielmehr, weil ich das Gefühl hatte, man könnte aus unserem Geschäft noch viel mehr machen.

»Warum«, dachte ich, »sollen wir unsere Aktivitäten nur auf Österreich und den süddeutschen Raum beschränken? Was bei uns funktioniert, wird auch im Rest Europas klappen.« – »Wir müssen viel größer denken«, sagte ich zu Irene. »Europaweit können wir doch ein Vielfaches des Umsatzes machen, den wir heute erwirtschaften!«

Irene wollte von solchen Plänen allerdings nichts hören. Schließlich wäre sie es gewesen, an der der Großteil der Verwaltungsarbeit hängen geblieben wäre. Ich hatte deshalb oft das Gefühl, dass sie mich in meinem Tatendrang eher bremste. Insgeheim immer und manchmal auch explizit warf ich ihr vor, bei der Weiterentwicklung von »Karl Rabeder Kunsthandwerk« ständig auf dem Bremspedal zu stehen. Im Nachhinein bin ich allerdings zutiefst dankbar dafür. Schließlich blieb so mehr Zeit zum Segelfliegen. Damals aber hätte ich ihr gelegentlich am liebsten eine unserer Kerzen auf den Bürostuhl gestellt, um ihr etwas Feuer unter dem Hintern zu machen – selbstverständlich nur im übertragenen Sinne.

Auch so wussten wir unsere Zeit ja sinnvoll zu nutzen, zum Beispiel mit einem Urlaub in Neuseeland, der mich ungeplant zum Inhaber zweier Weltrekorde machte, die mir bis zum Ende meiner Tage niemand mehr wird nehmen können. Denn kurz nachdem ich sie aufgestellt hatte, wurden die sogenannten »Segelflugzeuge mit Klapptriebwerk« nicht mehr als eigene Klasse geführt, somit kann darin niemand mehr meinen Weltrekord knacken.

116

Dazu war es so gekommen: Wir saßen gemeinsam mit meinem Freund Justin, einem gebürtigen Engländer, der in Neuseeland eine Schafzucht betrieb, auf dessen Farm. Er war der bessere »Vogel« von uns beiden, hatte an diesem Tag aber schlicht weniger Glück. Der Wetterbericht hatte sehr spannende Bedingungen vorhergesagt: Wellenaufwinde, auf denen sich »reiten« lässt wie beim Surfen im Wasser. Wir beschlossen, von der Süd- auf die Nordinsel zu fliegen, das ist eine Strecke von mehr als 1000 Kilometern mit einer Passage von 50, 60 Kilometern, die übers Meer führt. Die beiden Inseln sind von ihrem Charakter sehr unterschiedlich. Die Südinsel erinnert teilweise sehr an Österreich, mit einer regenreichen, urwaldartigen Westseite, wo die feuchte Luft an die Berge anstößt und sich ausregnet. Auf der Ostseite der »Southern Alps« strömt die Luft als trockener Fallwind, ähnlich unserem Föhn, in die Täler und Becken und trocknet die Landschaft komplett aus. Dadurch, dass die Luft über die Berge streicht und auf der anderen Seite herunterfällt, passiert dasselbe wie im Wasser: Es entsteht eine Wellenbewegung, die man mit einem Segelflugzeug nutzen kann, um sehr weite Distanzen zurückzulegen.

Wir versuchten es zum ersten Mal morgens um acht Uhr, allerdings noch bei sehr geringen Windgeschwindigkeiten. Nach einer Stunde harten Ringens landeten wir wieder und wollten die Flieger eigentlich schon wieder einpacken. Da sagte ich: »Es ist doch eigentlich ein Schmarrn, jetzt schon aufzugeben. Warten wir doch einfach eine Stunde und gehen eine Kleinigkeit essen.« Wir aßen ein Sandwich und tranken Tee. Um elf Uhr kehrten wir auf den Platz zurück und sagten uns: »Jetzt starten wir noch einen Versuch – und wenn das auch nichts wird, packen wir ein und machen uns einen schönen Nachmittag.«

Wir starteten und, siehe da, plötzlich gab es ein bisschen Wind. Irgendwann gelang es uns dann, in die Welle zu kommen, der Ritt konnte beginnen. Ganz langsam machten wir uns auf in Richtung Norden. Justins Frau hatte am Morgen alles perfekt vorbereitet, mit jeder einzelnen der Luftverkehrskontrollstellen telefoniert und angekündigt, dass da zwei Verrückte kommen würden, die von der Süd- auf die Nordinsel fliegen wollten. Das war notwendig, weil in diesem Luftraum auch Verkehrsflieger unterwegs waren. Wir hatten beide Transponder dabei, deren Signale sowohl von den Radargeräten der Flugsicherung als auch von den Warngeräten der Verkehrsflieger empfangen werden konnten.

Justin war als der routiniertere Pilot von uns beiden ein Stück vor mir, als wir den Sprung übers große Wasser machten. Das ist ein spannender Augenblick, wenn man nach unten schaut und plötzlich nur noch Wasser sieht, die Nordinsel irgendwo am Horizont, ohne zu wissen, wo die nächste Welle steht und ob es unterwegs Auf- oder Abwinde gibt. Wir wussten nur: Dort drüben liegt ein großer Verkehrsflughafen, auf dem wir zur Not landen können, und ein Stück weiter ein Segelflugplatz. Genau den hatten wir im Visier.

Irgendwann stellte ich dann fest, dass wir einander immer schlechter verstehen konnten, weil bei Justin die Batterie langsam in die Knie ging, er war die ganze Zeit mit aktiviertem Transponder geflogen, der viel Strom fraß, auch in den Lufträumen, in denen es ohnehin keine Verkehrsflugzeuge gab. Mein Glück war, dass ich den Controllern gesagt hatte, dass ich den Transponder in den Bereichen abschalten würde, in denen keine Verkehrsflieger unterwegs waren. Weiter in Richtung Norden verloren wir dann komplett den Funkkontakt zueinander. Ich ging davon aus, dass Justin weit vor mir flog; am Abend würden wir schon voneinander erfahren, wo wir beide jeweils gelandet waren.

Weil der Wind immer weiter nachließ, fiel ich aus dem Wellensystem heraus und flog auf einen Bergkamm zu, hinter dem brauchbare Wiesen zur Außenlandung lagen. Ich hatte keine große Hoffnung mehr, nochmals einen Aufwind zu finden. Doch als ich über den Berg flog und einen kleinen Schwenk machte, ging es mit einem Mal aufwärts, als wäre ich in einen Aufzug geraten. Ich saß im Flugzeug und grinste übers ganze Gesicht. Ich nahm wieder Kontakt auf zu den Controllern, die mir sagten, dass sie mich nun gern wieder auf dem Radar hätten, weil ich in einen Bereich steigen wollte, in dem starker Verkehrsfliegerbetrieb herrschte. Gott sei Dank hatte ich noch genug Strom. Sie ließen mich deshalb bis weit nach oben steigen; mit dieser Höhe konnte ich dann ganz gemütlich bis ans Ende der Nordinsel fliegen.

Erst hinterher erfuhr ich, dass es Justin ähnlich ergangen war wie mir – mit dem kleinen Unterschied, dass er den Aufwind hinter dem Bergkamm nicht erwischt hatte und auf einer der Wiesen landen musste. Zu allem Unglück hatte er sich im Winter davor ein Bein gebrochen und deshalb im Flugzeug seine beiden Krücken dabei, an die er nach der Landung aber nicht herankam. So saß er dann in seinem Flugzeug auf der Wiese, es war später Abend, weit und breit kein Mensch, nur ein einsames Haus in einiger Entfernung.

Er nahm die Plexiglashaube des Flugzeugs ab und winkte in Richtung des Hauses. Wie er später erfuhr, war die Familie gerade beim Abendessen. Ein Kind sah zum Fenster heraus und sagte: »Du, Papa, da steht ein Flieger bei uns auf der Wiese. Und darin sitzt ein Mann, der winkt.« Der Papa aber sagte: »Ja ja, komm, iss weiter.« Und so saß der arme Teufel Justin eine Stunde lang in seinem Flugzeug, so lange, bis die Familie aufgegessen und sich vor dem Fernseher platziert hatte. Abermals sagte das Kind: »Da sitzt wirklich einer draußen, und er winkt immer verzweifelter.« Irgendwann erbarmte sich der Vater, sah durchs Fenster und stellte fest: »Oh, da sitzt ja wirklich einer.« Endlich rannten sie zu Justin und halfen ihm aus dem Flugzeug.

Ich dagegen kam genau an dem Punkt an, den wir ursprünglich avisiert hatten. Oder sagen wir: beinahe. Wir hatten vorher auf dem einzigen Anschluss angerufen, den wir im Telefonbuch gefunden hatten, einem

Hotel. Dort fragten wir nach dem Flugplatz. Man erklärte uns, der sei ganz einfach zu finden, denn es gebe ohnehin nur ein großes Gebäude im Ort, das sei das Hotel, genau davor sei der Flugplatz.

Ich komme also dort an, sehe aus der Luft wirklich nur ein großes Gebäude und einen grünen Fleck daneben und denke mir noch: »Das Feld hat eine eigenwillige Form für einen Landeplatz, übertrieben lang ist es auch nicht, aber was will man machen?« Während des Landeanflugs erkenne ich dann, dass mitten auf dem Landeplatz zwei hohe Masten auf der einen und zwei hohe Masten auf der anderen Seite stehen, und denke mir: »Irgendetwas stimmt hier nicht.« Dann sehe ich es: Ich steuere auf ein Rugbyfeld zu!

Irgendwie fliege ich an den ersten Masten vorbei, setze auf der Wiese auf, bremse voll ab und kann im Ausrollen gerade noch den anderen beiden Masten ausweichen – jedoch nicht dem Zaun, der die Restgeschwindigkeit meines Fliegers abbremst. Das ist mein Glück im Unglück, denn eine der beiden Tragflächen ragt dadurch über den Zaun, hinter dem der eigentliche Flugplatz liegt – nicht mehr als eine schmale, steinige Fläche.

Damit war mein Flug insofern gültig, als es mir gelungen war, an dem Ort zu landen, den ich im Vorfeld als Ziel angegeben hatte. Auf solche Feinheiten kommt es beim Segelfliegen eben an. Als ich Justins Ehefrau anrief und ihr erzählte, dass ich genau dort gelandet sei, antwortete sie: »Gratuliere zum Weltrekord! Ich habe nachgeschaut: Die Strecke, die ihr notiert habt, ist die längste gerade Linie, die in einem Flugzeug deiner Klasse bislang geflogen wurde.« Es waren exakt 1039 Kilometer. So stellte ich mit einem Flug zwei Weltrekorde auf einmal auf: Einen dafür, die Strecke auf gerader Linie zurückgelegt zu haben, und den zweiten, am geplanten Endpunkt angekommen zu sein. Zwei Weltrekorde sind mir also bis ans Ende meiner Tage sicher. Und ich kann sagen, dass sie mir ziemlich egal sind: Ich bekam die beiden Urkunden per Post zugeschickt und legte sie unberührt in den Schrank.

Es war einer dieser Momente, wie ich ihn in jener Zeit häufig erlebte. Da schafft man etwas wirklich Außergewöhnliches: einen Weltrekord. Noch dazu unter solchen Umständen. Man könnte kurz innehalten und sich einfach darüber freuen, etwas erreicht zu haben, was man sich vorgenommen hat. Mir war das dagegen völlig gleichgültig, weil es mir so sinnlos vorkam. Ich sah mir die Urkunden kurz an, befand, dass sie hässlich waren, und packte sie weg.

Bei Wettbewerben war das nicht anders: Ich stand auf dem Podest, man applaudierte mir, ich aber dachte: »Das ist nicht das, was du haben wolltest.« Anfangs hatte ich noch die Vermutung, ich sei einfach niemand, der sich recht über einen Erfolg freuen kann. Mir wurde aber immer klarer, dass das eine andere Ursache haben musste.

Im Jahr 1997 übersiedelten wir von Leonding nach Tirol in unser neu erbautes Haus. Vom Bau selbst hatten wir wenig mitbekommen, zum Anpacken hatte mir erstens die Zeit gefehlt und zweitens die Geduld. Auf so einer Baustelle geht ja nichts voran: Man arbeitet einen Tag lang, und es ist nichts passiert, was man sehen könnte. Einmal aber baute ich mit dem Architekten ein paar Fenster ein, weil er fand, es gehöre zur Tradition, dass der Architekt und der Bauherr gemeinsam auf der Baustelle stehen. Aus dem geplanten Tag wurde dann ein halber, der Einbau der Fenster ging überraschend schnell vonstatten.

Es war vor allem Irene, die sich darum gekümmert hatte, dass es im Haus wohnlich aussah, als wir einzogen. Ich hatte dafür keine Zeit, musste ich mich doch in den Wochen vor dem Einzug auf ein Ereignis vorbereiten, das für mich von größerer Bedeutung war als das neue Zuhause: die Segelflug-WM in Südfrankreich im darauffolgenden Sommer. Was ich zu diesem Zeitpunkt allerdings noch nicht ahnte: Die vor mir liegenden zwei Jahre sollten mein Leben in eine ganz andere Bahn schubsen, als ich das selbst im Sinn hatte. Man könnte sagen: Ich stand kurz davor, an einer Stelle einen Aufwind zu finden, die ich bis dahin schlicht übersehen hatte.

Der Urlaub

Wenn ich einen Zeitpunkt in meinem Leben benennen soll, der im Rückblick den Wendepunkt meines Lebens markiert, dann war es das Jahr 1997 mit dem sich anschließenden Winter. Das war eine Zeit, die mit einem fabelhaften Traumurlaub auf einer karibischen Insel begann und mit einem vermeintlichen Traumurlaub auf Hawaii endete. Danach war nichts mehr wie zuvor. Zum einen war ich danach ein verheirateter Mann und zum anderen endgültig der Illusion beraubt, dass unser materieller Reichtum meine emotionale und spirituelle Not ausgleichen konnte. Aber der Reihe nach.

Es war für uns über die Jahre zu einer liebgewonnenen Tradition geworden, den europäischen Winter gegen den Sommer auf einem anderen Flecken der Erde einzutauschen. Ich verabscheue den Winter: Ich kann es nicht ertragen, wenn mir die Kälte durch die Kleidung fährt und man morgens beim Blick aus dem Fenster das Bett erst gar nicht verlassen möchte. Wenn ich kann, fliehe ich. Man hat mir oft gesagt: »Aber, Karl, ohne Jahreszeiten zu leben, das ist unnatürlich.« Das stimmt, der jahreszeitliche Zyklus ist etwas sehr Natürliches. Das bedeutet aber nicht, dass die Jahreszeiten so auszusehen haben wie bei uns. Nur weil die sich bei uns so stark unterscheiden, heißt das nicht, dass das Leben in Ländern mit weniger ausdifferenzierten Jahreszeiten unnatürlicher wäre. Ohne einen Winter zu leben, der uns mehrere Monate lang in Eiseskälte um die Nase pfeift, mag uns ungewohnt erscheinen – es ist aber beileibe nicht unnatürlich.

Sobald nach dem Weihnachts- und Silvestergeschäft alle Aufträge abgerechnet und die übrig gebliebenen Artikel registriert waren, flogen Irene und ich um die Welt, um klirrende Kälte und Schneematsch gegen flirrende Hitze und Sandstrand einzutauschen – egal wohin, Hauptsache weit weg von Österreich. Im Winter 1997, wenige Wochen vor unserem Umzug, landeten wir also auf einer Karibikinsel, auf der man ohne großen bürokratischen Aufwand heiraten kann und vor allem: ohne unsere lieben Verwandten.

Irene und ich fanden, dass das genau der richtige Rahmen war, um unsere Beziehung in die Ehe zu überführen. Natürlich liebten wir uns, aber das Verhältnis zwischen uns war weniger von großer Liebe und Leidenschaft geprägt als vielmehr von freundschaftlicher, fast geschwisterlicher Verbundenheit. Es war deshalb nur logisch, dass wir unsere Hochzeit nicht mit einem rauschenden Fest in Österreich feiern wollten, bei dem am Ende noch ein Flieger durch die Luft gleitet, ein Spruchband hinter sich herziehend, auf dem »Karl und Irene – im Himmel der Liebe« steht. Was für eine grauenhafte Vorstellung!

Nein, unsere Hochzeit wollten wir ganz klein am Strand feiern, mit nichts weiter als einem Pfarrer vor und dem Rauschen des Meeres hinter uns. Nach der kurzen Zeremonie sahen wir uns an, gaben uns einen Kuss und liefen händchenhaltend zurück zum Hotel. Es gab niemanden, der uns Reis über die Köpfe kippte, den wir danach mühsam aus den Haaren hätten pulen müssen, wir mussten keinen Walzer tanzen oder furchtbare Hochzeitsspiele über uns ergehen lassen, zu denen wir bemüht hätten lächeln müssen. Offiziell waren wir jetzt Mann und Frau, tatsächlich aber waren wir schon längst eher Bruder und Schwester. Wir waren allerdings beide noch nicht so weit, uns diese Wahrheit einzugestehen, wahrscheinlich, weil wir insgeheim ahnten, dass damit unweigerlich das Kartenhaus komplett in sich zusammenstürzen würde, wenn wir an einer solch sensiblen Stelle Hand anlegen würden. Es war in Ordnung, so wie es war.

Außerdem hatte ich ja meine Ersatzbefriedigung. Hätte man mich damals gefragt: »Karl, worauf wärest du eher bereit zu verzichten – aufs Segelfliegen oder auf Sex?«, wäre meine Antwort eindeutig gewesen. Das hatte aber weniger mit Irene zu tun als vielmehr damit, dass ich nur im Flugzeug wirklich in der Lage war, mich treiben zu lassen. Schon ab dem Alter von sechzehn, siebzehn Jahren bedeuteten mir Frauen weit weniger als Flugzeuge, und dies sollte sich erst über zwanzig Jahre später ändern.

Nach unserer Rückkehr nach Österreich und dem anschließenden Umzug nach Tirol galt meine ganze Konzentration der Weltmeisterschaft in Südfrankreich, es war ja gewissermaßen meine »Heim«-WM, in kaum einem anderen Revier kannte ich mich besser aus als dort. An meiner ersten WM hatte ich 1995 in Neuseeland teilgenommen, damals galt die Devise: »Dabei sein ist alles.« Jetzt aber wollte ich meine Fähigkeiten auch im Rahmen eines solchen Wettbewerbs unter Beweis stellen. Je selbstbewusster ich im Cockpit geworden war, umso mehr hatte sich mein auf Leistung getrimmtes Denken im Geschäftsleben auch auf die Segelfliegerei übertragen. Ich hatte es zugelassen, dass aus meinem Hobby ein Leistungssport wurde. Ich beschäftigte mich mehr und mehr mit der Frage, wie ich auch in der Luft meine Leistung steigern konnte.

Meine technischen Fähigkeiten waren irgendwann gut genug ausgereift. Worum es mir deshalb ging, war meine Psyche. Ich wollte wissen: Welche Methoden helfen mir dabei, beim Fliegen wacher und aufmerksamer zu sein als meine Konkurrenten, welche Grundlagen kann ich entwickeln, um in den entscheidenden Momenten einen Tick früher als sie die richtige Entscheidung zu treffen, die mir den kleinen, am Ende aber siegbringenden Vorsprung verschafft?

Die Basis für diese Neugier war bereits während meines Studiums gelegt worden, als ich beim Einschreiben für das Lehramtsstudium die Tochter eines Segelflugkollegen kennenlernte. Sie war es, die mein Interesse für psychologische Fragestellungen geweckt hatte. Wir sprachen oft darüber, mit welchen Techniken man seinen Geist trainieren konnte und was die wirksamen Methoden von den wirkungslosen unterschied. Mit der Zeit begriff ich, dass der Geist wie ein Muskel funktioniert und sich ebenso trainieren lässt wie Oberschenkel oder Bizeps. Und genauso wie ich davon fasziniert gewesen war, meine Muskeln zu formen, begeisterten mich nun die Möglichkeiten des Mentalen. Nachdem ich das Bodybuilding gesundheitshalber aufgegeben hatte, begann ich deshalb gewissermaßen mit dem »Mindbuilding«: Ich trainierte nicht mehr im Kellerstudio, sondern im Oberstübchen.

Somit war der Acker schon gepflügt, als ein Segelflugkollege mit mir über die Möglichkeiten sprach, meine fliegerischen Fähigkeiten zu verbessern – und damit einen neuen Samen in die vorbereitete Erde warf. Dieser Mann war ein begnadeter Meteorologe, auf dessen Voraussagen wir uns stets verlassen konnten. Er war aber nicht nur ein Meister darin, den Himmel zu studieren, mit geschultem Blick erschloss er den Spitzenpiloten in Österreich auch neue Pfade in ihrer Psyche. So berichtete er mir von einem Seminar, an dem er teilgenommen hatte, und schlug mir vor, mich dafür auch anzumelden. Es war ein Grundkurs in »Neuro-Linguistischer Programmierung«, kurz: NLP.

Mir ist klar, dass es gegenüber dieser Methode viele Vorbehalte gibt. Zu oft wurde sie zu manipulativen Zwecken missbraucht, zu oft haben sich Menschen ihrer bedient, um sich auf Kosten anderer selbst zu nutzen. Doch nicht die Methode an sich ist in meinen

Augen das Problem, sondern deren Verwendung. Es ist wie beim Schießpulver: Wenn man es verwendet, um einen Felsen zu sprengen und anschließend einen Tunnel hindurchzugraben, ist es eine gute Sache. Wenn es allerdings eingesetzt wird, um Projektile abzufeuern, die Menschen töten, so verwandelt es sich in etwas Bösartiges.

Die Tatsache, dass NLP eine wirksame Methode war, faszinierte mich. Ich wollte sie erlernen und ethisch sauber in meinem Sport einsetzen. So besuchte ich Ende der achtziger Jahre von Neugier getrieben mein erstes Seminar und durfte erleben, dass NLP mir ein paar wertvolle Erkenntnisse vermitteln konnte, die weit über das Segelfliegen hinaus ihre Wirkung entfalteten.

Was mich diese Methode lehrte, war die Fähigkeit, für das, was ich von der Welt wahrnahm, die passenden Begriffe zu finden. Ich bin von Natur aus Kinästhet, also ein Mensch, der übers Fühlen wahrnimmt und sich bevorzugt auch so ausdrückt. Daher war ich sehr gut darin, Dinge zu erspüren und mich in bestimmte Gefühlswelten hineinzuversetzen. Nur weil mir das so gut gelang, konnte »Karl Rabeder Kunsthandwerk« ja so erfolgreich werden. Früher hatte ich dafür umso größere Schwierigkeiten damit, für diese Empfindungen die passenden Worte zu finden. Ich spürte etwas, brauchte aber sehr lange, um es auch benennen zu können. Diese Unfähigkeit hatte zur Folge, dass ich mich gegenüber meiner Umwelt nur schwer mitteilen konnte. Viel schwerer aber wog, dass ich mich auch mir selbst gegenüber kaum mitteilen konnte.

Ich bin zwar überzeugt davon, dass wir in unserer Gesellschaft der Sprache viel zu viel Bedeutung beimessen. 95 Prozent der Kommunikation findet nonverbal statt, und anstatt diese 95 Prozent einfach ihre Wirkung im Zusammenleben mit anderen entfalten zu lassen, zermartern wir uns den Kopf oft genug ausschließlich über die restlichen fünf Prozent: Warum hat er dies zu mir gesagt, wie sage ich ihr jenes? Das führt häufig zu Streitereien, die keine Relevanz haben und deshalb völlig unnötig sind. Da ist es doch manchmal gescheiter, den Kopf in Ruhe zu lassen und damit den Druck rauszunehmen, um das, was sich nicht in Sprache ausdrücken lässt, vertrauensvoll arbeiten zu lassen. Doch wenn man andererseits gar nicht erst in der Lage ist, die für eine Empfindung angemessenen Begriffe zu finden, bleibt einem der Zugang zu sich selbst genauso verwehrt wie zu seiner Umwelt. Dies macht so gut wie jede Autonomie über das eigene Verhalten unmöglich, weil man sich mit niemandem austauschen kann, auch nicht mit sich selbst.

Die Metapher der Landkarte erklärt, wie wichtig es ist, mit anderen ins Gespräch zu kommen. Wir alle haben von der Welt, die uns umgibt, eine Landkarte im Kopf, von der wir denken, sie sei deckungsgleich mit dem Land selbst. Wenn das stimmt, müsste aber jeder die gleiche Landkarte im Kopf haben. Doch die Wahrheit ist: Das Land mag dasselbe sein, die Landkarten unterscheiden sich aber trotzdem erheblich 131 voneinander. Jeder hat sein eigenes Bild von dieser Welt im Kopf und bewegt sich darin ausschließlich auf der Grundlage dieser Karte.

Profitiert habe ich von den NLP-Lehren insofern, als ich nicht nur gelernt habe, meine Landkarte in Worte fassen zu können. Ich habe auch begriffen, dass nur der Austausch über die Verschiedenartigkeit der Landkarten Menschen in die Lage versetzt, eine gemeinsame Vorstellung von dem Land zu entwickeln, in dem sie leben. Ich nahm auf einmal wahr, dass es auch andere Weltbilder gibt. Bis dahin war ich immer davon ausgegangen: So wie ich ticke, ticken die anderen auch. Doch wenn ich mich ausdrückte, wie ich es gewohnt war, musste ich mit Verwunderung feststellen: Es gibt nur wenige, die mich verstehen.

Aber einen Moment, bitte schön: Hatte ich dieses Seminar nicht mit dem Ziel begonnen, mich beim Segelfliegen zu verbessern? Was nutzte mir dafür das Wissen um mentale Länder und ihre Landkarten?

In der Tat stellte sich nach den ersten Seminarwochenenden zunehmend heraus, dass mich die Inhalte weniger im Cockpit meines Segelflugzeugs beschäftigten als vielmehr auf meinem Bürostuhl oder abends auf dem Sofa. Je mehr ich über meine Landkarte nachdachte, umso mehr war ich motiviert, dafür die richtigen Begriffe zu finden. Es war für mich mitunter so mühsam, als müsste ich eine neue Sprache lernen. Ganz im Sinne des Rabeder'schen Mottos aber, dass alles, was möglich, auch erreichbar ist, kniete ich

mich auch in diese Herausforderung hinein. Ich studierte die Seminarunterlagen und las Bücher, die nach der Lektüre mit Markierungen und Unterstreichungen übersät waren. Langsam spürte ich, dass ich auch in der Luft davon zu profitieren begann.

Die Gründer des NLP haben nichts anderes getan, als sich bei den herausragenden Therapeuten ihrer Zeit, wie zum Beispiel Milton Erickson, nach deren Methoden zu erkundigen und die erfolgreichen zu einem neuen Programm zu bündeln. Ericksons Technik beispielsweise bestand darin, seine Patienten mit bestimmten Sprachmustern in eine Art Trance zu führen, um ihnen Veränderungsarbeit zu erleichtern. So lernte ich, mich vor dem Start durch die Verwendung bestimmter Begriffe in einen Zustand zu versetzen, der es mir ermöglichte, meine Aufmerksamkeit zu erhöhen. Ohne Zweifel aber hätte ich die Gebühren für das Seminar zurückverlangen müssen, wenn sich der Erfolg nur an der Segelfliegerei festgemacht hätte. Die viel bedeutendere Auswirkung war, dass es mir ganz allgemein allmählich besser ging. Ich lernte, bestimmte Verhaltensmuster neu zu deuten, sie besser zu verstehen und deshalb anders mit ihnen umzugehen.

Es lagen somit bereits etliche Jahre des »Mindbuildings« hinter mir, als ich 1997 nach Frankreich reiste, um an meiner zweiten Weltmeisterschaft teilzunehmen. Im Laufe der Zeit waren noch weitere mentale Methoden dazugekommen, progressive Muskelentspannung zum Beispiel und autogenes Training. Ich fühlte mich gut gewappnet für diesen Wettbewerb und belegte am Ende den 15. Platz. Das war ein respektables Ergebnis, gemessen daran, dass ich im Gegensatz zu vielen anderen Piloten erst mit Anfang dreißig überhaupt mit dem Wettbewerbsfliegen begonnen hatte. Mir mangelte es trotz allen Mentaltrainings an Wettbewerbsroutine, um bei einer solchen Großveranstaltung mein Können ausschöpfen und zur Anwendung bringen zu können.

Das Fliegen selbst ist ja nur ein Teil der Beanspruchung, der man ausgesetzt ist. Ein anderer ist, dass ein solcher Wettbewerb auch insofern an den Ressourcen zehrt, als man nie sicher sein kann, wann der nächste Flug tatsächlich gestartet wird, da das Segelfliegen sehr vom Wetter abhängig ist. Also kann es vorkommen, dass man am Morgen das Flugzeug zusammenbaut, mit Wasser betankt und auf einen Start vorbereitet, von dem keiner sicher sagen kann, dass er auch tatsächlich stattfindet. Zwei Stunden später kann man dann alles wieder zusammenpacken, weil die Wetterverhältnisse und Aufwinde einen sicheren Flug nicht zulassen. Es ist eine Kunst, das richtige Maß an An- und Entspannung zu finden, um seine volle Leistungsfähigkeit im Flug entwickeln zu können, wenn es so weit ist.

Im Rückblick muss ich allerdings sagen, dass ich der Idee der unbedingten Leistungssteigerung mittlerweile sehr skeptisch gegenüberstehe. Sie verrückt unweigerlich die Prioritäten. Irgendwann steht nicht mehr der Weg im Mittelpunkt, der zum Ziel führt, sondern nur noch das Ziel selbst. Man setzt an sich selbst bestimmte Erwartungen, die, wenn sie nicht erfüllt werden, zu umso größeren Enttäuschungen führen. In der Folge verkrampft man mitunter so sehr, dass die Fixierung auf ein bestimmtes Ziel jede Lust abtötet. Was man einst begann, weil es einem Freude bereitete, empfindet man nur noch als Belastung.

Ohnehin sind wir in unserer Gesellschaft so sehr auf Leistung getrimmt, dass es uns oft besser zu Gesicht stünde, wenn wir einfach mal losließen. Die Pointe ist, dass gerade dann, wenn man sich von dem Gedanken zu lösen bereit ist, seine Leistung steigern zu wollen, sie von ganz allein kommt. Dann ist es aber keine Leistung mehr, sondern ein kreativer Akt, bei dem man gar nicht gemerkt hat, wie die Zeit verflogen ist – was in einem Segelflugzeug ja sogar wörtlich zu nehmen ist. Es ist möglich, Leistung durch Leidenschaft zu erzeugen, schier unmöglich ist es in meinen Augen aber, Leidenschaft durch Leistung zu erzeugen. Es sollte bei mir selbst aber noch weitere knapp zehn Jahre dauern, bis ich dies begriff – genauer gesagt bis zur Weltmeisterschaft 2006, die abermals in Südfrankreich ausgetragen wurde.

Vorher machten sich die Auswirkungen der Beschäftigung mit meinem Selbst auf eine ganz andere Weise bemerkbar. Ich frage mich heute gelegentlich: War das, was im Februar 1998 passierte, Zufall, oder steuerte ich zu diesem Zeitpunkt bereits unbewusst auf den Wendepunkt zu, nach dem mein Leben Fahrt in eine ganz andere Richtung aufnehmen würde? Als wir im Reisebüro saßen, um unseren Urlaub auf Hawaii zu buchen: Tat ich das, um den ultimativen Beweis dafür zu finden, dass Geld eben doch glücklich macht, dann nämlich, wenn man so viel davon hat, dass man sich fast alles leisten kann? Oder tat ich es insgeheim, um mir mit einer Überdosis dessen, was man sich mit Geld kaufen kann, zu beweisen, dass ich auf dem falschen Weg war? Ich kann es nicht sagen. Was ich weiß, ist, dass wir mit diesem Urlaub das Bedürfnis befriedigen wollten, es mal richtig krachen zu lassen.

Bald nach unserem Umzug nach Telfs mussten wir feststellen, dass all unsere Überlegungen darüber, wie wir Wohn-, Büro- und Lagerräume unter ein Dach bekommen konnten, Makulatur waren. Auch in Telfs war nicht genug Platz für all unsere Produkte, also mieteten wir eine Lagerhalle an, in der wir all die Kerzen und Kerzenhalter, die Silvester-Glücksbringer und die Vasen unterbringen konnten. Wir hatten das Gefühl, es endgültig geschafft zu haben. Meine Großeltern waren noch »Häuslleut« gewesen – wir waren jetzt »Luxusvillaleut«.

Und als ebensolche wollten wir nun Urlaub machen. Also ließen wir uns im Reisebüro einen Urlaub zusammenstellen, der alle erdenklichen Annehmlichkeiten vereinte. Rundflüge mit Helikoptern, Fünf-Sterne-Luxushotels. Tagsüber würden wir unsere Füße in weißen Sand stecken und auf das türkisfarbene Wasser blicken, abends in den besten Restaurants essen und nachts mit dem Meeresrauschen im Ohr einschlafen. Herrje, es würde ein Leben im Paradies werden – und es wurden drei Wochen, nach denen wir wieder zu Hause saßen und uns dachten: »Was für ein Scheiß!«

Vom ersten Moment an hatten wir das Gefühl, in einer Parallelwelt angekommen zu sein, in der die Fröhlichkeit zur Fratze erstarrt war. Wir hatten bei jedem Einzelnen, der uns begegnete, den Eindruck, einen Schauspieler vor uns zu haben, mit zuckersüßer Lächelmaske, aber ohne echte Menschlichkeit: »Hi, nice day today.« Insgeheim aber dachte er wahrscheinlich: »Viel zu heiß heute. So ein Schmarrn. Schon wieder ein lästiger Europäer, der nicht gut genug Englisch kann.« Dabei gibt es nichts, was mir unangenehmer ist, als jemanden vor mir zu haben, bei dem ich spüre: Der empfindet gerade etwas ganz anderes als das, was er mir vorgaukelt mit seiner »Die Welt ist wunderbar«-Attitüde. Wir hatten in diesen drei Wochen nur ganz selten den Eindruck, echte Menschen zu treffen.

Dabei hatten wir uns diesen Urlaub in den schönsten Farben ausgemalt, so wie man es aus amerikanischen Filmen kennt, von den Reichen und Schönen, die alle ach so glücklich sind. Aber dass man auf lauter Schaufensterpuppen stößt, bei den Hotelmitarbeitern wie bei den Gästen, das hatten wir nicht erwartet. Auch der ganze Luxus, mit dem wir verwöhnt wurden, konnte nichts daran ändern, dass wir an diesem Urlaub keine Freude fanden. Das schönste Azurblau des Ozeans kommt einem irgendwann schal vor, wenn es in eine Welt aus Schein eingebettet ist.

Nach unserer Rückkehr schlossen wir die Tür unseres Hauses auf, es war kalt und dunkel. Doch wir waren froh, diesem Irrsinn entkommen zu sein. Es gibt ein schönes Sprichwort, das umschreibt, warum diese Reise so ein Reinfall wurde: »Mit Geld kannst du ein Haus kaufen, aber kein Zuhause. Eine Uhr kaufen, aber keine Zeit. Ein Bett kaufen, aber keinen Schlaf. Ein Buch kaufen, aber keine Weisheit. Blut kaufen, aber kein Leben. Sex kaufen, aber keine Liebe. Eine Position kaufen, aber keine Achtung.« Ich ergänze: »Mit Geld kannst du einen Urlaub kaufen, aber keine Erholung.«

Die fanden wir dafür am Wochenende danach, in einer kleinen unscheinbaren Berghütte unweit unseres Hauses. Nach einer anspruchsvollen Winterwanderung setzten wir uns an einen simplen, verkratzten Holztisch und bestellten eine Apfelsaftschorle. Als die Kellnerin die beiden Gläser auf den Tisch stellte, entglitt ihr eines, der Inhalt ergoss sich über die Tischplatte. Ohne aufzublicken, sagte sie »Jessas« und machte sich fürsorglich daran, die Schorle von unserer Kleidung abzuwischen. Irene und ich saßen da und hatten das Gefühl, endlich wieder in der echten Welt angekommen zu sein. Es war ein Moment, der mir die Augen öffnete. Da hatten wir uns den teuersten Urlaub unseres Lebens geleistet und fanden das Glück in einer Hütte, in der wir uns nach einer anstrengenden Wanderung nur kurz hatten ausruhen wollen.

Daraus resultierte in den Tagen danach ein bedrückendes Gefühl der Hoffnungslosigkeit: Wenn ich mir mit all dem Geld, das ich verdient habe, das Gefühl von Zufriedenheit und Glück nicht kaufen kann, das ich so schmerzlich vermisse – welchen Sinn hat dann das Leben, das ich bislang geführt habe? Ich empfand diesen Zustand als den größter emotionaler Not. Doch er war im Wortsinne »notwendig«: Erst diese Not machte mich wendig.

Die Trennung

Hätte ich mich aus eigenem Antrieb von Irene getrennt? Vermutlich nicht. Warum auch, wir galten in unserem Freundeskreis doch als Traumpaar: beide meist bester Laune, in Harmonie miteinander verbunden, sich auch in der gemeinsamen Firma perfekt ergänzend. Scheinbar hatten wir alles, was man sich nur wünschen kann. Auch für uns selbst war es so, wie es war, in Ordnung. Nach der Hochzeit, so sah unsere Planung vor, wollten wir deshalb auch mit der Gründung einer Familie beginnen.

Doch so weit sind wir nicht mehr gekommen. Weder setzte Irene die Pille ab, noch drängte ich sie dazu, die Verhütung einzustellen. Wir lebten nebeneinander her und ahnten vage, dass unsere Eheschließung nicht der Beginn von etwas Neuem gewesen war, sondern das Ende von etwas Altem. Und trotzdem: Als Irene mir eines Tages eröffnete, dass sie sich in einen anderen Mann verliebt hatte, war das zunächst ein Schock, von dem ich nicht wusste, wie ich ihn verkraften sollte.

Heute weiß ich, dass sie uns beiden keinen größeren Gefallen hätte erweisen können. Es heißt, dass das

Schicksal Geschenke, die es einem bereiten möchte, oft in Form von Problemen präsentiert. Die Frage ist nur, ob man in der Lage ist, mit einem Problem so umzugehen, dass man das darin verborgene Präsent irgendwann auch zu erkennen vermag.

Die Entwicklung, die zu unserer Trennung führte, hatte schon lange vorher begonnen. Irgendwann war etwas in Bewegung geraten, das sich nicht mehr aufhalten ließ. Auf die Frage nach dem Sinn dessen, wofür wir da jeden Tag aufstanden, hatten wir irgendwann beide keine überzeugende Antwort mehr. Die Freiheit, die wir uns erarbeitet hatten, war nicht mehr als eine Hülle ohne Inhalt, das viele Geld, das wir verdient hatten, konnte diese Leere nicht mehr füllen. Es ging uns nicht besser als so vielen in unserer Gesellschaft, die irgendwann an einen Punkt kommen, an dem sie sich mit einer sehr unangenehmen Erkenntnis herumschlagen müssen: dass ihnen das, was sie Tag für Tag tun, einigermaßen sinnlos erscheint. Nichts lastet schwerer auf dem Gemüt.

Viele Menschen führen ein Leben, das sie nicht glücklich macht, von dem sie wissen, dass es an ihren eigentlichen Wünschen vorbeiführt. Doch sie tun es, weil sie sich denken: »Es ist nicht schön, wie sich mein Leben entwickelt hat – aber es ist auch nicht schlimm.« Das ist ein großer Irrglaube, in dem wir bewusst gehalten werden, von der Politik ebenso wie von der Industrie. Man redet uns ein: So schlimm ist dein Leben doch gar nicht. Denn erstens geht es anderen noch viel schlimmer. Man kann das ja jeden Tag sehen, wenn man den Fernseher einschaltet und die Nachrichten von Katastrophen, Verbrechen und Unfällen sieht. Die wollen uns vordergründig zwar informieren, dienen aber auch dazu, in uns die Befürchtung zu säen, dass alles noch viel schlimmer sein könnte.

Und zweitens wird ja genug Ersatz geboten. Traumreisen, Autos, sogar Lebensmittel, die vermeintlich glücklich machen, und abends einen romantischen Film im Fernsehen. Und so rutscht man langsam und unmerklich in eine Identität, die man brav erfüllen kann, und nimmt gar nicht wahr, dass man an der eigenen Existenz vorbeilebt. Man führt ein vorgekautes Leben, von dem ein anderer sagt, es sei das eigene.

Mir kann keiner weismachen, dass man das nicht spürt. Jeder von uns merkt es früher oder später, so wie ich auch. Doch viele wollen dieses Gefühl schlicht nicht wahrhaben. Wer am Montagmorgen mit verkrampftem Magen und aufgestellten Nackenhaaren ins Büro geht, muss nicht mehr lange darüber nachdenken, ob er dieses Leben gerne führt. Er muss allenfalls Gründe dafür finden, warum er den Job nicht hinwirft. Der Bauch sagt doch schon längst: »Raus jetzt, und zwar schnell!« Doch es ist der Kopf, der ihn beschwichtigt: »Na, na, langsam. Du hast eine sichere Anstellung und ein regelmäßiges Einkommen. So schlimm ist es doch gar nicht.«

Ein großes Problem unserer Zeit ist, dass die meisten Menschen ihrem Kopf, ihrem Intellekt viel zu viel Macht einräumen. Sie hören nur auf das, was ihnen die Vernunft einredet und wovon die Gesellschaft sagt, dass es wichtig sei: vorzeigbarer Besitz, Geld, Macht, Einfluss. Viele spüren zwar, dass sie dadurch in ihrem Leben falsche Prioritäten setzen, dass sie viel Zeit und Energie in Ziele investieren, mit denen sie sich insgeheim gar nicht identifizieren können. Doch sie scheuen sich davor, sich selbst und ihren Kopf infrage zu stellen. Denn das hätte womöglich zur Folge, dass sie sich eingestehen müssten, viel zu lange den falschen Dingen hinterhergerannt zu sein.

Doch was bleibt Menschen, die ihr Leben streng danach ausgerichtet haben, Normen zu erfüllen, die gar nicht die ihren sind? Nichts. Sie müssen von vorne beginnen. Das ist mühsam, das ist anstrengend. Das ist ein Prozess, der einen Jahre kosten kann. Und je später man damit beginnt, desto schwieriger wird es, sich dazu überwinden zu können. Man fühlt sich wie ein Marathonläufer, der auf halber Strecke erkennt, dass er in die falsche Richtung gelaufen ist. Kann man sich dann noch dazu aufraffen, an den Ausgangspunkt zurückzukehren und eine andere Richtung einzuschlagen?

Ich kann verstehen, dass die meisten diese Strapazen scheuen. Ich war über viele, viele Jahre meines Lebens ja genauso. Mein Kopf konnte meinen Bauch immer wieder überzeugen, Ruhe zu geben. Bis mein Bauch irgendwann nicht mehr bereit war, sich noch länger hinhalten zu lassen. Nun übernahm er das Steuer.

Ich spürte, dass ich die Sinnlosigkeit langfristig nur würde überwinden können, wenn ich einen Weg finden würde, mich nicht nur für mich selbst zu engagieren, sondern auch für andere. Ich wollte ihnen nicht länger nur in Form von Glücksbringern Glück bescheren. Meine Segelflugreisen führten mich in dieser Zeit immer wieder nach Südamerika, nach Chile oder Argentinien, wo ich, anders als damals auf Hawaii, oft in Kontakt kam mit Einheimischen. Gerade wenn es ärmere Leute waren, wurde ich besonders aufmerksam.

Bei einem dieser Aufenthalte hatte ich das Glück, als Copilot bei einem ganz besonderen Weltrekord dabei zu sein, dem längsten Flug, der je mit einem Segelflugzeug geflogen wurde. Mit dem Deutschen Klaus Ohlmann am Steuer eines Doppelsitzers flog ich am 21. Januar 2003 exakt 3009 Kilometer weit. Klaus ist ein begnadeter Pilot, der schon viele Weltrekorde geflogen hat. An diesem Tag beschränkte sich mein Anteil deshalb im Wesentlichen darauf, sein Mentalcoach und die Rechenzentrale zu sein. Meine Aufgabe war es, zur beschleunigten Entscheidungsfindung beizutragen und Energien zu mobilisieren.

Klaus und ich waren ein sehr harmonisches Team, ich war schlicht zum richtigen Zeitpunkt am richtigen Ort. Es war ein ähnlicher Wellenflug wie damals in Neuseeland, wir waren insgesamt fünfzehn Stunden in der Luft und hatten unterwegs mehrmals den Eindruck, dass wir unser Ziel wegen der Wetterlage nicht erreichen würden. Am Ende schafften wir es aber doch. Als wir aus unserem Flugzeug ausstiegen, klatschten wir kurz in die Hände und gingen etwas essen. Im

Gegensatz zu dem in Neuseeland ist dieser Weltrekord allerdings einer, den andere überbieten können. Bislang ist das aber noch niemandem gelungen.

Nach Aufenthalten in diesen sogenannten Entwicklungsländern stellte ich die Regeln immer deutlicher infrage, nach denen unsere Gesellschaft funktioniert. »Moment mal«, dachte ich, »nach der Theorie, die wir immer vorgelebt bekommen, müssten die doch, weil arm, unglücklich sein. Und ich, weil nicht arm, höchst glücklich.« Die Realität sah aber anders aus: Die Menschen dort waren die, die über das ganze Gesicht lachten und strahlten und deren Augen vor Lebensfreude funkelten. Wenn ich dann nach dem Rückflug in London-Heathrow oder am Frankfurter Flughafen ankam, hatte ich jedes Mal das Gefühl: Da muss es einen Terroranschlag gegeben haben, eine Giftkatastrophe, was auch immer.

Einmal habe ich tatsächlich einen Herrn am Schalter gefragt: »Entschuldigen Sie, war hier etwas Besonderes, was ich nicht mitbekommen habe?« Er entgegnete hastig: »Wieso, was soll'n passiert sein?« Ich antwortete: »Langsam, ich wollte nur wissen, ob irgendetwas Besonderes passiert ist, was Trauriges, eine Katastrophe.« – »Wie kommen Sie denn darauf?« – »Na, weil alle so unglücklich dreinschauen.« Da war er erstmal sprachlos. Und kurz darauf meinte er nur: »Nee, is alles ganz normal!«

Da fiel bei mir dann der nächste Groschen. Bedeutete das doch, dass unser gesamtes System so funktioniert. Wir reden uns frisch-fröhlich ein, dass wir zwangsläufig zu einem glücklichen Leben finden werden, wenn wir uns an die Regeln des Kapitalismus halten. Nach diesem Konzept gibt es eine Korrelation zwischen Geld und Glück: Je mehr wir vom einen haben, desto mehr haben wir vom anderen. Aber wenn das stimmen würde, müsste man das Ergebnis doch sehen können: in den Augen und Gesichtern der Menschen. Doch wem die Mundwinkel herunterhängen und wessen Augen stumpf sind, kann beim besten Willen nicht behaupten, ein glücklicher Mensch zu sein – auch wenn er es sich hundertmal einzureden und sich dabei ein Lächeln aus dem Gesicht zu pressen versucht.

Die Leute dagegen, die ich in Lateinamerika erlebt habe, wohnten in kargen Verhältnissen und trugen einfache Kleidung, doch sie sahen wahrhaft glücklich aus. In deren Gesellschaft fühlte ich mich weitaus glücklicher als unter den Fast-Mumien am Frankfurter Flughafen. Ich dachte mir: Wenn das in Lateinamerika die vermeintlich unglücklichen Armen sind, dann wäre ich selbst gern arm.

Allerdings: So erhellend solche Erkenntnisse für mich waren, so schwer fiel es mir, sie ohne Umweg in meinen Alltag zu integrieren. Das Wertesystem, das sich über Jahrzehnte in mir entwickelt hatte, war zu tief verwurzelt, als dass ich es von heute auf morgen hätte überwinden können. Anstatt mich auf einen Schlag von meinem bisherigen Leben zu lösen, begann ich damit, es systematisch zu entrümpeln – so wie man ein Gebäude, das aus asbestverseuchten Bauteilen be-

steht, langsam abträgt, anstatt es mit einem Knopf-
druck in die Luft zu jagen.

Ich sah mir jeden Gedanken, jede Idee, jede Überzeugung an, die sich im Laufe meines Lebens entwickelt
hatte, und fragte mich: behalten oder wegschmeißen?
Mir war klar, dass dieser Prozess nicht in wenigen
Wochen abzuwickeln war, aber ich wollte mir die
Zeit nehmen und solange eben mein altes Leben fortsetzen – mit Vasen, Kerzen und Silvesterglücksbrin-
gern. Die Aussicht, dass mein Leben danach ein zu-
friedeneres sein würde, wog die Anstrengungen bei
weitem auf, gewissermaßen ein Doppelleben führen zu
müssen.

Was mir dabei half, waren die Werkzeuge, die ich
mir über die Beschäftigung mit mentaler Leistungssteigerung angeeignet hatte. Über die Meditation war
ich irgendwann beinahe zwangsläufig beim Buddhismus gelandet, an dem mich vor allem die nichtreligiö-
sen Aspekte interessierten, also diejenigen, die sich
mit den Grundfragen des Lebens beschäftigen: Was
braucht es, um ein glückliches Leben zu führen? Wie
findet man den Zugang zu sich selbst? Und wie lassen
sich jahrhundertealte Weisheiten in die Moderne überführen?

So lernte ich beispielsweise, dass es im Zen-Bud-
dhismus die Lehre vom Zustand der besitzlosen Leichtigkeit gibt. Allein die Formulierung hätte mir noch
ein paar Jahre zuvor die Lachtränen in die Augen getrieben: Wer nach Leichtigkeit sucht, indem er seinen Besitz loswird, kann allenfalls leichtgläubig sein.

Jetzt aber begann ich zu begreifen, was damit tatsächlich gemeint war. Wer viel besitzt, kann gar nicht verhindern, dass seine Gedanken vor allem darum kreisen, den Besitz zu verteidigen oder zu vermehren. Die Ressourcen, die er dabei vergeudet, fehlen ihm zwangsläufig bei den Dingen, die wirklich zählen und glücklich machen: Beziehungen zu anderen Menschen etwa oder die Suche nach dem Sinn im eigenen Tun und Sein.

Damit eng verbunden ist die Erkenntnis, dass nur glücklich werden kann, wer versucht, im Hier und Jetzt zu leben. Ich musste mir eingestehen, dass ich bis dahin eher ein Meister darin gewesen war, im Immer-irgendwo-anders und im Morgen zu existieren. Herausforderungen hatten mich immer nur genau so lange interessiert, bis sie bewältigt waren, dann ging es zur Nächsten. Die Entwicklung unserer Firma hatte mich immer nur insofern befriedigt, als ich daraus die Entwicklungspotenziale für die Zukunft ablesen konnte. Ich gab mich nie zufrieden mit dem, was war, sondern hechelte immer dem hinterher, was sein könnte, in der Hoffnung, dass irgendwo in der Zukunft ein Punkt erreicht sein würde, an dem die Hechelei ein Ende finden würde. Was natürlich nicht passiert, solange man nicht von selbst dahinterkommt, dass die Hechelei nicht von allein endet. Ein Leben im Hier und Jetzt erfordert die Bereitschaft, jeden Moment bewusst zu erleben, ohne sich tumb berieseln zu lassen und möglichst keine Sekunde durch sinnlose Ablenkung zu verschwenden.

Irene und ich führten ein Leben, das unweigerlich auf eine Zäsur zulief, ohne dass uns das recht bewusst gewesen wäre. Unsere Firma lief gut, ich hatte meine Segelfliegerei, die mich irgendwann zum Coach und Trainer machte, indem ich die Betreuung des Junioren-Nationalteams übernahm, Irene widmete sich ihren Hobbys. Als im Jahr 2003 ein Trainingslager der Junioren in Frankreich anstand, sagte ich zu ihr, dass es doch Blödsinn sei, wenn sie mich dorthin begleitete. Sie solle sich stattdessen eine schöne Zeit machen. Also flog sie allein in den Tauchurlaub – und tauchte wieder auf mit der Erkenntnis, unsere Ehe nicht fortsetzen zu wollen.

Dass mit dem Eheversprechen keine Garantie einhergehen würde, dass wir auf Gedeih und Verderb zusammenbleiben würden, war für uns von vornherein abgemacht. Der Traum von einem gemeinsamen Leben bis ans Ende aller Tage ist für mich eine kaum einlösbare Illusion. Zwei Menschen, die sich entschließen, eine Beziehung einzugehen, sind wie zwei Gleise, die in dem Moment des Zusammentreffens zufällig parallel verlaufen. Soweit man es überblicken kann, tun sie das auch in der für beide einsehbaren Zukunft. Niemand aber kann wissen, ob sie auch in weiter Ferne noch nebeneinanderliegen oder in unterschiedliche Richtungen laufen. Niemand kann heute wissen, wo er in zehn Jahren steht. Irene und mir war das vollkommen bewusst, wir hatten uns das gegenseitig immer eingestanden: Wir heiraten, wohlwissend, dass wir uns auch wieder scheiden lassen können.

Ein Ewigkeitsversprechen ist schlicht unfair, sich selbst, aber auch dem anderen gegenüber. Wenn es irgendwann nicht mehr passt und man diesen Schwur trotzdem einhalten will – das finde ich schrecklich. Man quält sich selbst und den anderen mit einer großen Unzufriedenheit. Ich bewundere die Paare, die nach einer jahrelangen Krise wieder zueinanderfinden und erst dadurch merken: Das ist der Partner meines Lebens. Dass es andererseits aber Paare gibt, die nach einer solchen Krise feststellen, dass sie wirklich nicht mehr zusammenpassen, und trotzdem zusammenbleiben, weil es der bequemere Weg ist, das ist mir rätselhaft. Diese Menschen berauben sich jeder Handlungsoption und auch ihrer Lebenszeit.

Insofern war Irene im Begriff, mir genauso wie sich selbst ein neues Leben zu schenken, als sie mich nach der Rückkehr von unserem Trainingslager vom Bahnhof abholte. Ich kann mich noch sehr genau daran erinnern. Ich hatte mir von ihr gewünscht, dass sie sich für den Abend ein bestimmtes Kleid anzog, in dem ich sie sehr attraktiv fand, damit wir schön essen gehen konnten. Doch schon am Telefon war sie sehr eigen gewesen, sie reagierte sehr reserviert auf meinen Wunsch. Als ich ins Auto stieg, sah ich, dass sie eindeutig nicht das trug, worum ich sie gebeten hatte. Da war klar: Hier ist der Wurm drin.

Sie eröffnete mir, dass sie einen neuen Mann kennengelernt habe und sich von mir trennen werde. In den Wochen danach litt ich wie ein Hund. Weniger weil ich unsere Beziehung als so erfüllend und bereichernd empfunden hätte als vielmehr wegen einer Mischung aus gekränktem Stolz und Angst vor der Zukunft. Wie kann man nur einen so wundervollen und erfolgreichen Mann wie mich gegen einen anderen eintauschen? Irene war schlicht die Erste von uns beiden, die in der Lage gewesen war, vor der inneren Leere zu fliehen, unter der wir beide so lange gelitten hatten.

Durch die Trennung schlitterte ich in eine handfeste Krise. Es war, als würde mich überallhin eine dunkle Wolke begleiten: ins Bad, ins Büro, sogar zum Segelfliegen. Irene und ich lebten noch einige Zeit unter einem Dach, ich lag allein in unserem gemeinsamen Schlafzimmer, sie schlief in ihrem Büro ein Stockwerk tiefer. Auf die Arbeit in unserer Firma wirkte sich das nicht aus, beruflich begegneten wir uns wie vorher auch, mit allen Höhen und Tiefen. Was mich so leiden ließ, war das Wissen, dass ich nun in das große Unbekannte geschmissen wurde, raus aus der Komfortzone, die nicht himmelhoch jauchzend schön war, aber eben bekannt. Irene war eine fürsorgliche Ehefrau gewesen, die mir nun die warme Decke entzogen hatte, unter der ich es so lange gemütlich hatte.

Zu einem Geschenk wurde diese Trennung erst dadurch, dass mir irgendwann klarwurde, dass derselbe Mechanismus, der so vielen Menschen die Loslösung von ihren beruflichen Zwängen erschwert, sie auch an einen anderen Menschen bindet. Sie nehmen lieber die Unfreiheit in Kauf, von der sie genau wissen, wie sie sich anfühlt, als sich der Freiheit auszusetzen, die unbekannt ist und deshalb Angst macht. Ich glaube, es würde vielen guttun, an einer Partnerschaft nicht ewig festzuhalten, wenn sie merken: Ein Tag in dieser Beziehung unterscheidet sich kaum von einem Tag im Büro. Doch man behält lieber das, was man sicher hat, auch wenn es einen nicht wirklich glücklich macht.

Dazu kommt, dass jede Trennung mit großem Leid einhergeht. Ich habe keine Beziehung beendet ohne Schmerzen, entweder bei beiden oder nur einseitig. Ein Job, den man aufgibt, leidet nicht. Es ist dem Postbüro ziemlich egal, ob man am nächsten Tag zurückkehrt oder nicht, der Postbeamte wird es wahrscheinlich ebenso wenig vermissen. Wenn sich zwei Menschen aber verlassen, die sich einmal geliebt haben, tut das beiden weh, ganz unabhängig davon, wer wen aus welchem Grund verlässt. Man verliert ja nicht nur einen ehemals geliebten Menschen, sondern auch einen guten Freund, mit dem man gemeinsam gelacht und geweint hat, mit dem man morgens beim Frühstück saß und abends vor dem Fernseher. Es dauert einfach, das zu verarbeiten und den Geist und die Seele wieder freizuschaufeln.

Bei mir waren es gottlob nur drei Monate. Denn dann traf ich auf die Frau, die mir zeigte, wie leidenschaftlich und erfüllend Liebe sein kann: Lucie. Auch sie kam, wie könnte es anders sein, durchs Fliegen in mein Leben, wenn auch auf indirekte Weise. Während des vorangegangenen Junioren-Trainingslagers hatte ich eine Frau kennengelernt, die für die bald folgende Damen-WM in Tschechien trainierte. So wie sie beim

Training flog, war mir klar: Die wird Weltmeisterin. Ich beschloss, am letzten Tag dieser Weltmeisterschaft anzureisen, um ihr zum Titel zu gratulieren.

Da war aber noch etwas, was mich magisch ins tschechische Jihlava zog, ich konnte jedoch nicht sagen, was. Als ich im Auto saß, fragte ich mich: Warum fährst du jetzt wirklich da hin? Ich hörte in mich hinein und ging die Palette der Möglichkeiten durch, bei denen ein Signal anschlagen hätte können. Bin ich verknallt in diese Frau? Nein, es schlug nichts an. Sie war eine wundervolle Frau, aber es würde wahrscheinlich nicht einmal eine Freundschaft daraus werden können. Sollte ich also tatsächlich nur auf dem Weg dorthin sein, um ihr zu gratulieren? Nein, eigentlich nicht. Was war es dann, von dem ich deutlich spürte, wie sehr es mich anzog?

Ich komme nachmittags um vier auf dem Flugplatz an. Gehe die ganzen Teamquartiere durch auf der Suche nach meinen Bekannten, sehe eine Frau auf einem Liegestuhl vor einem Wohnmobil liegen und denke nur: Wow! Kurze Zeit später kommt allerdings ein Mann aus dem Wohnmobil, und ich verstehe: Ach so! Abends sitze ich dann beim Abschlussessen am Tisch mit Freunden aus Japan und wundere mich über mich selbst: So ein Unsinn, jetzt bist du diese weite Strecke hergefahren, und es gibt nichts, was sich so anfühlt, als sei es das wert gewesen. Da spüre ich den Blick derselben Frau, die am Nachmittag vor dem Wohnmobil lag. Inzwischen weiß ich, dass ihr Begleiter nicht ihr Mann ist, sondern der Gatte der Weltmeisterin in einer anderen Segelflug-Klasse und sie deren Helferin.

Irgendwann, die Abschlussfeier ist bereits in vollem Gange, fängt es zu schütten an, die Band hört zu spielen auf. Also beschließen ein paar Pilotinnen, Helfer und ich: Wenn die Band keine Musik mehr macht, müssen eben wir einspringen. Einer spielt Gitarre, ein paar argentinische Mädels singen dazu, und ich spiele Kochtopf. Nach einer Stunde, in der wir wie verrückt gespielt und getanzt haben, spüre ich wieder einen Blick aus dem – Publikum kann man eigentlich nicht sagen, weil wir eher peinlich als unterhaltsam sind. Es ist ihr Blick, sie steht bestimmt 30 Meter von mir entfernt. Ich bedeute ihr mit beiden Zeigefingern herzukommen.

Ich forderte sie zuerst zum Tanzen und dann zum Quatschen auf, was insofern etwas mühsam war, als sie fließend Tschechisch und sehr gut Russisch sprach, aber extrem schlecht Englisch und genauso wenig Deutsch. Trotzdem blieben wir aneinander hängen, zwischen uns gab es von Beginn an eine Verbundenheit, für die es keinerlei Worte bedarf. Wir hatten sehr bald das Gefühl, im anderen etwas gefunden zu haben, was uns zur Vollkommenheit jeweils noch gefehlt hatte.

Als ich Irene erzählte, dass ich mich in eine andere Frau verliebt hatte, war sie sehr erleichtert. Bald fanden wir wieder in das Bruder-Schwester-Verhältnis zurück, das uns auch während unserer Beziehung verbunden hatte. Bis heute ist Irene ein wichtiger Mensch 155 in meinem Leben geblieben, auf den ich nicht verzichten möchte.

Lucie lebte in der Nähe von Prag mit ihrer damals elfjährigen Tochter Barbora, später Babsi genannt, und unterhielt dort eine Steuerberatungskanzlei. Zu unserem zweiten Treffen fuhr ich nach Prag, ich war unterwegs zur Junioren-WM in der Slowakei, die ich als Trainer begleitete. Das bedeutete zwar einen enormen Umweg. Aber um Lucie wiederzusehen, hätte ich wahrscheinlich auch behauptet, dass Hamburg auf der Route von Tirol in die Slowakei liege. Wir verbrachten einen wundervollen Abend zusammen.

Am nächsten Tag stellte sie mir ihre Tochter vor, weil es ihr ein großes Anliegen war, dass auch wir beide gut miteinander konnten. Wir sahen uns und fühlten uns sofort verbunden. Damit war für die Mutter ein wichtiger Vorbehalt ausgeräumt. Wenn ihre Tochter und ich uns nicht verstanden hätten, hätte das unsere Beziehung unmöglich gemacht. So aber war dieser Ausflug der Beginn einer zauberhaften Dreier-Fernbeziehung zwischen Telfs und einem kleinen Nest bei Prag.

Innerhalb eines halben Jahres war damit, wenn auch anfangs gegen meinen Willen, ein großer Ballast aus meinem Leben geräumt. Mir wurde klar, dass Irene und ich unsere Beziehung schon viel früher hätten beenden müssen. Es macht einen umso glücklicher, je mehr man sich von dem befreit, was einen vom eigenen Glück abhält. Das verändert sich natürlich mit der Zeit. Es gibt vieles, von dem man sagen kann: Das ist nicht meins, das habe ich von außen aufgedrückt bekommen – durch Erziehung, Schule, Freunde, Beruf, was auch immer. Es gibt aber auch vieles, was einmal sehr bedeutsam war und irgendwann einfach vorbei ist. Das Leben ist keine Konstante, es ist in permanenter Bewegung.

Im Buddhismus heißt es: Das Einzige, was im Leben beständig ist, ist die Veränderung. Das ist ein schöner Gedanke. Denn er bedeutet, dass das sture Festhalten an etwas, was einmal Bedeutung hatte, ins Unglück führen muss. So wie ich an einer Beziehung festgehalten hatte, weil ich nicht wusste, was danach kommen würde. Und damit meine ich auch die Beziehung zu mir selbst.

Der Verkauf

Das Leben mit Lucie stellte mein Leben auf einen Schlag vom Kopf auf die Beine. Man könnte auch sagen: vom Kopf auf den Bauch. Ihr Temperament, ihre Tatkraft und ihre Entschlussfreudigkeit waren wie Brennholz für mich, das meinen inneren Motor befeuerte. War mein Leben bis dahin geordnet und fast brav verlaufen, entwickelte es sich innerhalb kurzer Zeit zu einem feurigen Abenteuer. Ich war nun mit einer Frau zusammen, die tat, was ihr das Gefühl vorgab. Ohne lange darüber nachzudenken, ohne sich um die Bedenken anderer zu kümmern. Es war, als habe sich auf dem Weg, auf den ich mich begeben hatte, ein Turbo zugeschaltet.

So auch, als es um unsere erste gemeinsame Nacht ging. Wir hatten uns nach meinem Zwischenstopp in Prag verabredet, eine Woche später für einen Spaziergang und ein Abendessen nach Brünn zu kommen, auf halbem Weg zwischen Lucies Wohnort und dem Schauplatz der Junioren-WM. Nach der Weltmeisterschaft wollten wir ein paar gemeinsame Tage in der Slowakei verbringen. Die beiden Termine warfen unweigerlich die Frage auf, wie wir es mit der Übernachtung halten wollten. Ich fragte sie, ob ich ihr jeweils ein Einzelzimmer buchen sollte oder wir uns ein Doppelzimmer teilen wollten.

Lucie war, wie sie mir später erzählte, etwas irritiert, als ich erklärte: »Es ist mir egal, was dort passiert, ich wünsche mir einfach nur, dich im Arm zu halten und zu streicheln.« Sie wurde höchst misstrauisch und fragte sich insgeheim: »Was, um Gottes willen, ist an diesem Mann verkehrt?« Nichts, ich fand es einfach nur schön, sie als Frau wahrzunehmen. Alles andere, was noch in dieser Nacht geschehen würde, wäre ein zusätzliches Geschenk.

Sie aber wollte schon in Brünn herausfinden, was das für ein Mann war, der sie einfach nur im Arm halten wollte: Wir verbrachten dort unsere erste gemeinsame Nacht in einem wunderbaren Hotel aus der k. u. k.-Zeit, mit Blick auf die meist befahrene Straßenkreuzung der Stadt. Weil sie nur in frischer Luft schlafen konnte und das Fenster offen stand, konnte ich wegen des Lärms die ganze Nacht über nicht einschlafen. Trotzdem stand mir ein verliebtes Lächeln im Gesicht, als ich mich am nächsten Morgen übermüdet, aber glücklich von ihr verabschiedete.

Sexualität ist für mich die intimste Form des gegenseitigen Beschenkens. Sie gehört untrennbar zum Menschsein, bis ins hohe Alter. Menschen können nicht nicht sexuell aktiv sein. Darauf zu verzichten ist so, als würde man sagen: »Du hast Augen, aber schau nicht!« Sexualität kann für mich aber nur wirklich erfüllend sein, wenn zwei Menschen in der gegenseitigen Berührung gemeinsam versinken und sich nicht ständig nur um die eigene Befriedigung oder die des Partners kümmern. Auch hier greift oft das Konsum- und das Leistungsprinzip. Wer sich beim Sex nur darauf konzentriert, etwas zu leisten, verkrampft und verliert aus den Augen, worum es tatsächlich geht: Aufmerksamkeit, Nähe, Verschmelzung. Wer dagegen ganz im Hier und Jetzt aufgeht, erlebt die wahre Befriedigung – so wie Lucie und ich in unserer ersten Nacht, die für mich war, als hätte ich einen kurzen Blick ins Paradies erhascht.

Im darauffolgenden Sommer verbrachten wir zwei Wochen in Italien bei einer offenen italienischen Segelflug-Meisterschaft. Die fand einen ihrer Höhepunkte bereits bei einem Trainingsflug, in dessen Verlauf ich Lucie zum ersten Mal das Steuer überließ. Wir waren unterwegs mit einem Kollegen aus der Nationalmannschaft, der neben uns einen Einsitzer steuerte. Davor war Lucie noch nie in Eigenregie geflogen. Umso beeindruckter war ich, als sie in einem Aufwind das Ruder übernahm.

Mit einer Souveränität, als hätte sie in ihrem Leben nie etwas anderes getan, schraubte sie das Flugzeug in formvollendeten Kreisen nach oben, wir stiegen unserem Teamkollegen einfach davon. Über Funk meldete er sich bei uns: »Steigen tust du aber schon gut, Karl.« Ich antwortete: »Steigen stimmt, aber nicht Karl – das war Lucie.« Es muss für ihn der Schock seines Lebens gewesen sein, dass ein Mensch mit null Segelflugstunden ein Mitglied der Nationalmannschaft schlicht auskurbelt – so heißt das im Segelflugjargon, wenn der eine besser steigt als der andere.

Danach dachte ich: »Irgendwie dreht sich die Welt auf einmal ganz anders.« So entfesselt anders flog ich dann auch im Wettbewerb, den ich überlegen gewann. Und das, obwohl oder weil wir die Tage und Nächte in Italien einfach genossen. Tagsüber flog ich im Doppelsitzer mit unterschiedlichen Copiloten den Wettbewerb, abends schlenderten Lucie und ich durch die Stadt und genossen das wundervolle italienische Essen und das köstliche Eis. Es war eine unbeschreiblich schöne Zeit.

In gewisser Weise hatte Lucie auch mich ausgekurbelt, wenn auch nicht in der Luft. Sie ist eine Frau, die nicht lange fackelt. Weniger als ein halbes Jahr, nachdem wir uns beim wilden Trommeln auf dem Kochtopf getroffen hatten, entschied sie, ihr Leben in Tschechien aufzugeben und nach Tirol überzusiedeln. Sie besuchte gemeinsam mit ihrer Tochter einen Deutsch-Sprachkurs und suchte einen Käufer für ihre Steuerberatungskanzlei. Weil Babsi zuerst noch ihr Schuljahr zu Ende bringen musste, dauerte es bis zum folgenden Sommer, bis die beiden ihre Zelte endgültig abbrachen und zu mir in das Haus zogen, das Irene bereits einige Monate davor verlassen hatte.

Babsi absolvierte in Österreich noch ein Intensiv-Sprachcamp, um sich in ihrer neuen Umgebung besser zurechtfinden zu können, und ging zu Beginn des neuen Schuljahres in eine österreichische Schule. Für unsere Liebe war Lucie bereit gewesen, ihr bisheriges

Leben und das ihrer Tochter über den Haufen zu werfen. Ihre Durchsetzungskraft inspirierte mich sehr. »Schau an«, dachte ich bei mir, »wie schnell sich die Dinge verändern können, wenn man sie nur entschlossen genug anpackt!« Ich fragte mich, was für Dinge es waren, die ich nun mit derselben Entschlossenheit verändern wollte.

Schnell wurde mir klar, dass der wichtigste Schritt für mich der Verkauf meiner Firma war. Sie stand für alles, was ich inzwischen aus meinem Leben kehren wollte: die Beschäftigung mit zwar schönen, aber letztlich sinnlosen Dingen, die Fixierung auf materiellen Erfolg, die stetige Wiederkehr so elementarer wie bedrückender Fragen. Einen Käufer zu finden war nicht schwer. Die Firma war etabliert, verfügte über beste Kontakte zu Abnehmern und fuhr Jahr für Jahr ordentliche Gewinne ein. Ich sprach ein paar Unternehmer an, von denen ich dachte, sie könnten Interesse an »Karl Rabeder Kunsthandwerk« haben, auch meinen unmittelbaren Konkurrenten. Ihm passte der Erwerb meiner Firma genau in seine Wachstumsstrategie, weshalb er mir das beste Angebot von allen machte: ein sowohl gerechtfertigter als auch realistischer Preis. Mit jemandem ein Geschäft einzugehen, bei dem ich nicht sicher sein kann, dass er sich das auch leisten kann, ergibt für mich keinen Sinn.

So ging im Herbst 2004 in Tirol das in die Hände eines anderen über, was seine Wurzeln im Garten meiner Großeltern in Leonding gehabt hatte. Wehmut kam dabei aber kaum auf. Ich hatte mich ja aus guten

Gründen für den Verkauf entschieden. Lucie und ich nahmen uns vor, von nun an das Leben zu genießen und Sinnvolles zu tun. Ich begriff diesen Schritt als eine vorgezogene Pensionierung: Ich war zweiundvierzig Jahre alt und stand am Beginn eines neuen Lebensabschnitts.

Mir wurde relativ bald klar, wie ich meine Energien in Zukunft einsetzen wollte. Ich hatte allen zeitlichen Freiraum, um einen Gedanken zu verfolgen, der mich einst auch dazu bewogen hatte, Lehrer zu werden. Es erschien mir sinnvoll, in der Entwicklung eines Menschen möglichst früh anzusetzen, vor allem in den Ländern, die ich im Rahmen meiner vielen Segelflugexpeditionen bereist hatte. Dort wollte ich den Teufelskreis durchbrechen, in dem sich viele Biografien gewissermaßen nach unten kurbeln.

Junge Menschen erhalten in ihrer Jugend keine vernünftige Bildung, geraten als Erwachsene aus Mangel an Alternativen auf die schiefe Bahn, werden kriminell oder nehmen Drogen und bringen Kinder zur Welt, die am Ausgangspunkt der gleichen Laufbahn stehen. Die Politik reagiert darauf größtenteils, indem sie die Kriminellen ins Gefängnis wirft und die Süchtigen in die Anstalt. So weit muss es aber erst gar nicht kommen, wenn man frühzeitig denjenigen Hilfe an die Hand gibt, die am Rande der Gesellschaft leben und in Gefahr sind abzurutschen, weil sie sich denken: »Ich begleite lieber eine Drogenfuhre oder baue auf einem Teil meines Ackers Kokapflanzen an, als in Armut zu leben.« Es bedarf schon großer Widerstandskräfte, sich solche Möglichkeiten zu versagen, wenn man nicht weiß, was man den Kindern abends zu essen auf den Tisch stellen soll. Mit meiner Arbeit wollte ich mich deshalb vor allem auf die Entwicklung von Straßenkindern und Waisen konzentrieren.

Also nahm ich Kontakt auf zu Waisenhäusern in Lateinamerika und suchte nach Projekten, die auf diesem Gebiet aktiv sind. Ich war überzeugt, dass ich in solchen Gegenden mit meinem Geld mehr würde erreichen können als in Europa. Hier gibt es bereits genug Organisationen, die sich sozial Benachteiligter annehmen, ich wollte lieber in der Ferne ansetzen. So stieß ich auf eine Organisation, die in neun Ländern Lateinamerikas Waisenhäuser betreibt. Über die traf ich einen gewissen Eduardo, einen spanischen Agraringenieur, der gemeinsam mit seiner Frau in einem Waisenhaus in Mexiko ein landwirtschaftliches Bildungsprogramm betrieb, in dem Jugendliche lernten, Gemüse anzubauen.

Kein Wunder, dass ich mit Eduardo sofort eine gemeinsame Ebene, vielmehr einen gemeinsamen Acker, fand, auf dem wir unsere Ideen gedeihen lassen konnten. Aus meiner eigenen Vergangenheit als Gärtner wusste ich: Damit Menschen zu Nahrung kommen, können sie entweder den Umweg einschlagen, zu arbeiten und von ihrem Lohn Essen zu kaufen. Oder sie nehmen die Abkürzung zwischen Arbeiten und Essen: Sie bauen ihre eigenen Nahrungsmittel an und verkaufen den Überschuss. Eduardos Projekt übte deshalb eine große Anziehungskraft auf mich aus.

Ich fragte ihn, ob sich seine Jugendlichen später mit dem erlernten Know-how als Gemüsebauern selbstständig machen würden. Er antwortete, dass einige dies gerne täten, jedoch von den Banken kein Geld für die Anfangsinvestitionen bekämen. Als ich erfuhr, dass die Investitionskosten für ein 400 Quadratmeter großes Folien-Gewächshaus samt Bewässerung und Samen knapp 500 Euro betrugen, war dies die Geburtsstunde von GREENHOUSE. Dieses Projekt vermittelt den künftigen Gemüsebauern Ausbildung und Kleinkredit aus einer Hand. Den Mikrokredit haben sie bereits nach der ersten Ernte eingearbeitet und können von den Gewinnen eine kleine Familie ernähren.

Bis dahin hatte ich gedacht, dass vernünftige Agrarentwicklung nur mit Rieseninvestitionen möglich wäre, und deshalb geplant, einen Investmentfonds aufzulegen. Der sollte von dem Geld seiner Anleger Ländereien kaufen, um sie in kleine Parzellen zu zerteilen, die an Kleinbauern verpachtet werden. Ich wollte diesen Fonds groß aufziehen, um damit möglichst viel Geld einzusammeln, und stürzte mich in die mühselige Arbeit der Fondszulassung. In einem Wald nach Pilzen zu suchen, in dem es monatelang nicht geregnet hat, ist wahrscheinlich weniger beschwerlich, als einen solchen Fonds ins Leben zu rufen. Ich ließ mich davon aber nicht abschrecken. Denn endlich hatte ich eine Vorstellung davon, wie ich aus all dem, was ich in meinem Leben an Erfahrungen und Fähigkeiten gesammelt hatte, etwas Sinnvolles machen konnte.

So enthusiastisch ich mich um die Umsetzung meiner neuen Idee kümmerte, so leidenschaftlich führten Lucie und ich unsere Beziehung. Das hatte leider aber nicht nur seine angenehmen Seiten. Wir sind zwei sehr impulsive Menschen, auch wenn man mir das nicht ansehen mag. Auf den ersten Blick wirke ich eher wie ein gemütlicher Bär. Wenn zwei solche Vulkane aufeinandertreffen, wird es eben heiß, so oder so. Wenn wir schöne Momente genossen, waren sie außerordentlich schön. Doch wenn uns eine Situation ins Ungemütliche entglitt, war sie dafür auch bald ausgesprochen unbehaglich. Bezeichnenderweise hatte unser Grundkonflikt Geld zum Inhalt.

Unsere erste kleine Auseinandersetzung hatten wir schon bei der Junioren-Weltmeisterschaft in der Slowakei, zu der sie mich nach der Nacht von Brünn begleitete, obwohl wir dort in Ermangelung ausreichender Sprachkenntnisse noch gar nicht richtig streiten konnten. Ich wollte sie von meinem Wasser trinken lassen und sagte: »Magst du einen Schluck von meinem sündhaft teuren Wasser trinken?« Im Vergleich zu allem anderen, das es an den Imbissbuden zu kaufen gab, kostete die Flasche ein kleines Vermögen. Lucie bekam diesen Satz in den falschen Hals, womöglich weil sie das Gefühl hatte, dass ich sie mit meinem Reichtum beeindrucken wollte. Warum sie so verstimmt war, konnte sie selbst nicht genau sagen, meine Frage hatte einfach ein schlechtes Gefühl in ihr aufkommen lassen. Diskussionen solcher Art führten wir immer wieder. Dabei hatten wir genug Geld, um nicht mehr darüber nachdenken, geschweige denn streiten zu müssen. Tief in mir drinnen jedoch hatte ich Angst, nur wegen meines Geldes geliebt zu werden und nicht um meiner selbst willen.

Wir gewöhnten uns an, unser Geld sinnvoll einzusetzen, was nach unserer Maßgabe bedeutete, das, was wir besitzen wollten, in der höchsten Qualität zu kaufen, allerdings ohne damit zu prassen. Das galt für Lebensmittel genauso wie für Hotelübernachtungen oder Autos. Drehten sich bis zum Verkauf meiner Firma meine Gedanken vor allem darum, wie das Geld hereinkam, dachte ich nun überwiegend darüber nach, wie ich es wieder loswerden konnte. Ich wollte nach all den Zweifeln spüren, was es mit mir macht, mein Geld auszugeben, zum Beispiel für eine Luxuslimousine.

Meine Haltung meinem Reichtum gegenüber hatte sich insofern weiterentwickelt, als ich mich nicht mehr dafür schämte, wie ich das noch zwanzig Jahre davor getan hatte. Ich wusste, dass ich mein Geld mit viel redlicher Arbeit und Fleiß verdient hatte, und war nun selbstbewusst genug, das auch zu zeigen. Weil ich Lucie eine Freude machen wollte, bot ich ihr an, dass auch sie sich das Auto aussuchen konnte, das sie haben wollte, egal, wie viel es kostete. Ob ich nun eine Limousine bestellte oder zwei, spielte keine große Rolle. Meine Devise lautete: »Es ist möglich, so viel Geld auszugeben, wir können uns das leisten, lass es uns also tun.« Lucie hatte damit aber ihre Schwierigkeiten. Sie

entschied sich bewusst für ein kleineres Modell.

Nichtsdestotrotz unterstellte ich ihr aber, dass es nach ihrer Meinung Aufgabe des Mannes sei, die Frau zu verwöhnen und materiell zu versorgen. Auf der einen Seite lehnte sie zwar alles Materielle ab, empfand aber auf der anderen Seite jedes Geschenk als Ausdruck der Wertschätzung ihrer Person. Lucie nahm mir diese Unterstellung sehr übel, sie fühlte sich dadurch gekränkt, hatte sie doch bis zu unserem Aufeinandertreffen eine eigene Kanzlei betrieben und gut sich und ihre Tochter versorgen können. Wenn unsere Vulkane in solchen Gesprächen erstmal aktiviert waren, spuckten sie bald glühende Asche. Wir glaubten beide, dass es nur noch mehr Nachdruck, noch mehr Schärfe brauchte, um den anderen von der Richtigkeit der eigenen Meinung zu überzeugen.

Dabei wäre es oft klüger gewesen, zu akzeptieren, dass der andere nur so stark und dominant auftritt, weil er sich selbst schützen will. Ihre nach außen hin gezeigte Stärke war nur der Schutz ihrer verletzlichen Seele. Das hatte ich schlicht übersehen, und ich bin mir nicht sicher, ob sie meine Empfindlichkeit nicht genauso übersehen hat. Ich glaube, dieses Streitverhalten war nicht nur für uns typisch. Dass zwei Menschen, die sich lieben, in einen Wortwechsel geraten, weil sie einander ihre Verletzlichkeit nicht offenbaren können, ist wahrscheinlich so traurig wie häufig. Und vor allem: so unnötig.

Was uns dafür umso mehr verband, war die Passion fürs Segelfliegen. Nachdem Lucie in Rieti entdeckt hatte, wie mühelos sie mit den Kräften des Himmels zu spielen vermochte, lernte sie das Segelfliegen selbst. Ich beschäftigte mich derweil damit, wie ich meine Fähigkeiten so weit verfeinern konnte, um den größtmöglichen Erfolg feiern zu können: den Gewinn der Weltmeisterschaft 2006 in Frankreich. Die bis dahin letzte, an der ich teilgenommen hatte, war die WM 1999 in Bayreuth gewesen, wo unsere ganze Mannschaft eine Katastrophenleistung abgeliefert hatte. Danach schwor ich mir, nie mehr an einem im Flachland ausgetragenen Wettbewerb teilzunehmen. In ein Land zu fahren, über das ich freiwillig nicht fliegen würde, nur weil dort eine WM stattfindet, wollte ich mir nicht mehr antun.

Ich wartete so lange, bis eine WM in einem Land ausgetragen wurde, das mir wieder Spaß machte, und nahm die Donau als Grenze. Die Regel lautete: kein Wettbewerb nördlich des Weißwurstäquators. Von da an nahm ich nur noch an Spaßwettbewerben teil wie dem »Coupe du Monde de Vol à Voile en Montagne«, dem in Südfrankreich ausgetragenen Weltcup im Gebirgssegelflug, oder der »Coppa Internazionale del Mediterraneo« in Rieti. Nun aber stand wieder eine WM über den Bergen meiner geliebten Zweitheimat an, und ich wusste: Diesmal kann ich es schaffen.

Anders als ein Segelflugprofi, der von seinem Sport lebt, lebte ich für diesen Sport. Ich saß so oft wie möglich im Flugzeug, die WM stets vor dem geistigen Auge. Für die Segelflugexpeditionen in Argentinien ließ ich mir ein Flugzeug nach meinen eigenen Vorstellungen bauen, mit allen Spezialitäten fürs Wellenstreckenfliegen. Meine Überlegungen dabei waren: Ich hasse es zu frieren, ich mag es nicht, wenn der Flieger laut ist. Also will ich eine perfekte Abdichtung und eine doppelwandige Rumpfschale, damit es innen nicht kalt wird, außerdem eine Beheizung des Sitzes und der Schuhe. Damit konnte ich nicht nur mir einen Gefallen tun, sondern auch vielen anderen. Beim Flugzeughersteller hatte es zunächst geheißen: »Wir können solche Wünsche nicht erfüllen, deren Entwicklung uns keiner zahlt.« Also antwortete ich: »Fangt mal an, dann reden wir über die Kosten. Und wenn es sinnvoll ist, könnt ihr die Neuerungen gern in eure Serienmodelle übernehmen.«

Aus heutiger Sicht war die Konzentration auf die Weltmeisterschaft in Frankreich nichts anderes als eine Ersatzbefriedigung meines Wunsches nach Erfolg und Anerkennung. Denn die Pokale, um die man beim Segelfliegen kämpft, sind genauso Trophäen wie die, denen man im Alltag hinterherrennt. Das Geld, das man verdient, die Karriere, die man gemacht, die Macht, die man sich erkämpft hat – auch das sind Auszeichnungen, auf die man vermeintlich stolz sein und die man herzeigen kann, in der Hoffnung, dafür Bewunderung, zumindest aber Anerkennung zu ernten. Selten fragt man sich, ob die Anstrengungen, die es kostet, ein solches Ziel zu erreichen, all die Mühen überhaupt wert sind und ob man sich mit den Zielen selbst identifizieren kann.

Auch bei mir war das so: Mit dem Verkauf meiner Firma war mir meine Vitrine abhandengekommen, in

171

der all die unsichtbaren Pokale des erfolgreichen Geschäftsmannes standen, also richtete ich neben dem sozialen Engagement meine Energie eben auf einen echten Pokal: den goldenen der WM.

Im Vorfeld dieses Wettbewerbs galt ich als einer der Favoriten. Ich hatte den Weltcup im Gebirgssegelflug in Südfrankreich schon mehrmals gewonnen, kannte mich in dieser Gegend so gut aus wie kaum ein anderer. Unter den französischen Segelfliegern hieß es deshalb: »Es gibt nur einen, der sich hier genauso gut zurechtfindet wie wir. Und das ist der verrückte Österreicher.« Je näher es auf die WM zuging, umso mehr versteifte ich mich deshalb darauf, Weltmeister zu werden.

Ich nahm wenige Monate vorher sogar einen Coach, der mir dabei helfen sollte, mein Potenzial voll auszuschöpfen. In diesem Coaching stellte sich heraus, dass ich nur durch die bedingungslose Fokussierung auf diese zwei Wochen im Juli in der Lage sein würde, zu zeigen, was ich kann. Für unsere Beziehung wurden die folgenden Wochen deshalb zu einer schweren Belastung. Lucie hielt mir vor, dass ich unser Zusammenleben vernachlässigte und keine Aufmerksamkeit mehr für sie aufbrachte. Wahrscheinlich hatte sie damit auch Recht. Ich wachte morgens mit dem Gedanken an die WM auf und schlief abends damit ein. Ich trainierte bestimmte Manöver und flog im Geiste einzelne Routen des Wettbewerbsgebiets ab. Ich war überzeugt, dass mich nur diese Fokussierung zum Erfolg führen würde.

Lucie aber ging davon aus, dass ich in jeden Fall Weltmeister werden würde, wenn ich nur so entspannt und beherzt fliegen würde wie Jahre zuvor auf unserem ersten Wettbewerb in Rieti. Und beides war im Grunde falsch. Genauso wie ich in meinem Leben als Unternehmer lange Zeit nicht wahrgenommen hatte, dass ich eine falsche Route eingeschlagen hatte, hatte ich das nun als Pilot auch nicht. Auch diesmal bedurfte es erst eines »Geschenks«, das mir die Augen öffnete. Es war im wahrsten Sinn des Wortes ein Geschenk des Himmels.

Zunächst lief bei der WM alles nach Plan, obwohl die Wetterverhältnisse für mich alles andere als ideal waren. Sie waren schlicht zu gut. Ich bin eigentlich kein Gut-Wetter-Pilot. Meine Stärken kann ich erst dann richtig ausspielen, wenn die Bedingungen widrig sind und man die Atmosphäre nach den wenigen Schlupflöchern absuchen muss, die sie bereithält. Es sind die Momente, bei denen andere schon mit hängenden Mundwinkeln zum Flugplatz kommen, von denen ich mich erst so richtig herausgefordert fühle. Bei fast allen Wettbewerben, bei denen ich am Ende als Sieger auf dem Podest stand, war das Wetter miserabel.

In Frankreich aber schien durchgehend die Sonne, der Himmel war strahlend blau. Trotzdem lag ich nach drei Tagen in Führung. Ich war unterwegs mit einer Sicherheit, die mir fast schon unheimlich war. Es gab beispielsweise eine Situation, in der mein Teampartner einen tollen Aufwind erwischte und ich nicht. Er gab mir durch, dass er vier Meter in der Sekunde stieg, das ist so ziemlich das Maximum dessen, was möglich ist. Ich aber flog ganz ruhig weiter, wohlwissend, dass ich einen Vier-Meter-Aufwind auf jeden Fall noch finden würde, wenn nicht mehr. Ich sank relativ tief und geriet irgendwann in einen Aufwind, der mich um fünf Meter pro Sekunde anhob. Als ich oben zu kreisen aufhörte, flog mein Kollege gerade unter mir durch. Mein Gefühl passte einfach. Es gab viele solcher Situationen, in denen ich mit einer Natürlichkeit flog, als ob es keinen anderen außer mir gäbe.

Ich war auf dem besten Weg, mein selbst gestecktes Ziel zu erreichen. Sehr zum Leidwesen von Lucie, deren Unmut vor Ort immer größer wurde. Sie erwartete, dass wir einen genauso romantischen Aufenthalt erleben würden wie damals in Rieti. Doch wenn sie mich abends zu einem Eis einladen wollte, musste ich mich noch mit der Wettervorhersage für den folgenden Tag beschäftigen, und wenn sie mich nachts verführen wollte, bat ich sie, mich schlafen zu lassen, um meine Konzentrationsfähigkeit nicht aufs Spiel zu setzen. Mein ganzes Denken war nur auf den bevorstehenden Erfolg programmiert. Und doch kam es ganz anders.

Am vierten Tag gelang mir plötzlich gar nichts mehr, mein Gespür für die Luft war ins Trudeln geraten. Ich saß im Flugzeug und war nicht mehr eins mit meiner Umgebung, sondern fühlte mich vielmehr wie ein Beobachter, der sich stirnrunzelnd fragt, was er da eigentlich macht. Wer sich auf der Grundlage seiner Intuition bewegt, hinterfragt keinen einzigen Schritt.

Hat man allerdings die Verbindung zu seiner Intuition verloren, bewegt man sich auf wackligen Füßen.

Dass ich im Rahmen eines solchen Wettbewerbs mal einen nur durchschnittlichen Flugtag hinlegte, war nichts Besonderes. Dass ich aber dermaßen patzte, war für mich sehr ungewöhnlich. Ich hatte den Fehler gemacht, mich nicht nur mit dem Fliegen selbst zu beschäftigen, sondern auch mit seinen Resultaten. Ich studierte die Wertungslisten mit derselben Akribie wie die Wetterprognosen, doch das war Gift für mich. Ein Sprichwort besagt: »Erreiche dein Ziel, ohne an das Ziel zu denken, denn jedes Wollen bindet den Geist.«

Die besagte Damen-Weltmeisterin, deretwegen ich nach Tschechien gereist war, hielt sich deshalb immer fern von jeder Ergebnisliste, sie wollte auch keine Zwischenstände hören. Wurde sie am Ende eines Wettbewerbstages interviewt, dachte sie: »Na, so schlecht kann ich im Moment ja nicht liegen.« Ich hätte es genauso halten sollen, war aber zu sehr mit dem beschäftigt, was sich am Horizont abzeichnete, als dass ich die dunklen Wolken um mich herum hätte wahrnehmen können.

Meine Reaktion auf diesen Katastrophentag war stattdessen, mich eben noch mehr zu fokussieren. Zunächst schien mir der Erfolg Recht zu geben: Die beiden folgenden Tage absolvierte ich wieder mit der Souveränität eines WM-Favoriten. Ich konnte mich wieder darauf verlassen, in jedem Moment die richtige Entscheidung zu treffen. Meine Führung geriet wieder in greifbare Nähe, der Blick auf die Wertungsliste versetzte mich in Hochstimmung. Und dann folgte abermals ein sehr schlechter Tag, gefolgt von zwei durchschnittlichen. Ich flog nicht mehr außer-, sondern unterirdisch.

Damit war der Titelgewinn außerhalb meiner Reichweite, die Wertungslisten wurden zum Dokument meines Scheiterns. Es war klar, dass ich mich ohne Pokal auf den Nachhauseweg würde begeben müssen. Meine Enttäuschung war riesig. Um mich abzulenken, begann ich, mich an den Abenden für Immobilien in Südfrankreich zu interessieren, und brachte den Wettbewerb mit Anstand zu Ende. Zum Schluss belegte ich den 13. Platz – ein für einen Favoriten frustrierendes Ergebnis.

Niedergeschlagen lud ich den Segelflieger auf den Anhänger, verabschiedete mich von meinen Kollegen und machte mich gemeinsam mit Lucie auf den Weg zurück nach Tirol. Ich ahnte zu diesem Zeitpunkt zwar noch nicht, dass dies auf sehr lange Zeit mein letzter Wettbewerb bleiben würde. Doch mit jedem Kilometer, den wir uns vom Austragungsort entfernten, wurden die Fragen in meinem Kopf immer lauter: Warum habe ich mein Ziel nicht erreicht? Was will mir diese Niederlage sagen? War es das alles wirklich wert? Warum fliege ich eigentlich? Und: Was ist wirklich wichtig?

Die Ablösung

War der Hawaii-Urlaub ein Wendepunkt für mich als Persönlichkeit, so bedeutete die WM in Frankreich eine Zäsur für mich als Pilot. In den Schmerz der Niederlage, der nur langsam abklang, mischte sich die Erkenntnis, dass ich das Segelfliegen als Jugendlicher nicht begonnen hatte, um Trophäen einzusammeln, sondern um mich im Einklang mit der Luft und der Natur zu fühlen. Dass ich mich viele Jahre nach meinem ersten Alleinflug darauf eingelassen hatte, an Wettbewerben teilzunehmen, hatte weniger damit zu tun, dass ich die Anspannung so geliebt hätte, die man in den Minuten unmittelbar vor dem Start eines Wettbewerbsflugs spürt, sondern damit, dass ich mich hatte anstecken lassen vom Ehrgeiz anderer.

Allein im Wort »Ehrgeiz« steckt bereits der Kern des Problems. Es besteht aus »Ehr« und »Geiz«: Wenn jemand ehrgeizig ist, geizt er mit Ehre, er gönnt sie keinem anderen. Auch ich litt früher, wenn ein anderer besser war als ich – selbst wenn er es verdient hatte. Ehrgeiz gilt in unserer Gesellschaft als erstrebenswert, weil er gleichgesetzt wird mit Antrieb oder

Motivation. Dabei ist es viel schöner, wenn man akzeptieren kann, dass ein anderer eben die Nase seines Segelflugzeugs vorn hat.

Ich stellte fest, dass ich beim Segelfliegen immer dann richtig glücklich war, wenn ich mich nicht von Zielen leiten ließ, die nicht die meinen waren. Mit anderen Worten: wenn ich authentisch war. Doch dazu bedurfte es keiner Pokale oder Medaillen. Im Gegenteil, sie standen der Authentizität meistens nur im Weg. Diese Erkenntnis ließ sich auch auf mein übriges Leben übertragen: Auch da ging es mir seit dem Hawaii-Urlaub ja darum, glaubwürdig zu sein. Allmählich wurde mir klar, dass nicht nur der Pilot, sondern auch die Person Karl Rabeder noch einiges aus dem Weg räumen musste, um zur wahren Authentizität zu gelangen.

Ich habe mal einen Satz gelesen, der sich in meinem Kopf eingenistet hat. »Das tägliche Gespräch mit unserer Seele ist das Einzige, was uns gesund hält.« Ich kann bei meinem Hang zu Naturwissenschaften nicht genau sagen, was das ist: Seele. Ich weiß nur, dass es etwas gibt, das über Körper und Geist hinausgeht, das nenne ich Seele. Sie ist es, die in Verbindung steht mit einer höheren Energie, die manche Gott nennen. Ich hingegen habe dieser Energie bewusst keinen Namen gegeben. Es hat einen Sinn, sich bewusstzumachen, dass es drei Säulen des Menschseins gibt, und dass man mit allen drei Säulen in Kontakt stehen muss, um stabil und ganz bei sich zu sein: Körper, 178 Geist und das, was darüber hinausgeht.

Insofern kann man die Phase, die nach der WM 2006 begann und die im Grunde bis heute andauert, mit »Soulbuilding« überschreiben. Ich bin überzeugt, dass die Spiritualität in jedem Menschen angelegt ist, so wie in jedem Körper Muskeln und in jedem Kopf Nervenzellen gewissermaßen ab Werk ausgeliefert werden. Viele Menschen müssen aber – wie ich auch – erst lernen, diese Spiritualität zuzulassen, weil sie sich zu sehr in einem Leben eingenistet haben, in dem dafür kein Platz ist.

So machte ich mich nicht nur daran, den Schrank mit meinen glänzenden Siegestrophäen auszuräumen, sondern auch den mit den Statussymbolen. Ich fragte mich: Brauche ich tatsächlich zwei Häuser – das eine in Telfs, das andere in Frankreich – und sechs Segelflugzeuge – das, mit dem ich die WM flog, den Expeditionsflieger, eines für Lucie, zwei für Junioren, die sie sich für Wettbewerbe ausleihen konnten, und eines, um es in der Nähe unseres Anwesens in Frankreich zu stationieren? Kann ich mit meinem Besitz nicht Sinnvolleres anfangen?

Abermals spielte mir dabei etwas in die Hände, worauf ich keinen Einfluss hatte, was zunächst aussah wie ein Hindernis, sich aber bald als Glücksfall erwies: die im Jahr 2007 einsetzende Wirtschaftskrise, die mit der Immobilienkrise in Amerika ihren Ausgang nahm und bald auf die Börsen hinüberschwappte.

Die Modalitäten für die Gründung meines sozialen Investmentfonds hatten sich als so kompliziert erwiesen, dass er noch immer nicht eingerichtet war, als die 179

Krise ausbrach. Nun aber wurden die Bedingungen soweit verschärft, dass es für mich praktisch unmöglich war, an dieser Idee festzuhalten. Zum Konzept des Sozialfonds hatte sich zwischenzeitlich das eines Sanierungsfonds gesellt, mit dem Unternehmen saniert werden sollten; die daraus resultierenden Renditen sollten dann in den Sozialfonds fließen.

Das alles war nun Makulatur. Dazu kam, dass ich an der Börse selbst große Summen verlor, die ich nach dem Verkauf meiner Firma in Aktien angelegt hatte. Weil mich diese Verluste tief in meinem Herzen aber gar nicht berührten, fragte ich mich, wofür ich mich dann so angestrengt hatte, all das Geld zu verdienen. Ich begann, Geld als etwas zu begreifen, was über seinen oberflächlichen Wert hinausgeht: als Energieform.

Ich meine das nicht esoterisch, sondern im Sinne einer simplen Gegenüberstellung von Aufwand und Ertrag: Wie viel Energie ist notwendig, um einen bestimmten Betrag an Geld zu erwirtschaften, und rechtfertigt das, was man dafür erhält, diesen Aufwand? Mit diesem Verständnis kehrt Geld wieder zurück zu seiner eigentlichen Bestimmung und wird Mittel zum Zweck, anstatt bloßer Selbstzweck zu sein. Auf diese Weise ist man nämlich gezwungen, das Geld, das man etwa aufbringen muss, um sich ein bestimmtes Auto leisten zu können, in Relation zu setzen mit der Lebenszeit, die man dafür investieren muss. Lohnt es sich tatsächlich, fünf Arbeitstage im Monat nur dafür aufzubringen, Leasingraten, Versicherung und Benzin bezahlen zu können? Oder ist es nicht klüger, auf ein kostengünstigeres, weniger repräsentatives Modell umzusteigen und die dadurch eingesparte Lebenszeit sinnvoller zu nutzen, zum Beispiel mehr Zeit mit seinem Lebenspartner oder den Kindern zu verbringen? Ist es wirklich notwendig, einen Arbeitstag im Monat dafür aufzuwenden, die Monatsgebühr für einen sündhaft teuren Fitnessclub überweisen zu können? Oder macht es nicht ohnehin mehr Freude, in der Natur zu joggen anstatt auf einem Laufband, über dem ein vor sich hin plärrender Fernseher hängt?

Zeit ist Geld, heißt es. Umgekehrt stimmt diese Formel allerdings nicht: Geld ist nicht Zeit, Geld kostet Zeit. Doch unsere Lebenszeit ist begrenzt. Die Frage muss deshalb lauten: Welche anderen Energieformen außer Geld will ich mir in meiner Lebenszeit zuführen – Lebensfreude zum Beispiel, körperliche oder geistige Gesundheit, eine spirituelle Komponente oder Liebe? Wenn jemand vor der Wahl stünde, sich zwischen Geld und Gesundheit entscheiden zu müssen, würde er sich wohl kaum für Geld entscheiden. Im täglichen Leben verhält sich aber fast jeder, als würde es nur ums Geld gehen. Oft vergeuden wir unsere Lebenszeit, ohne uns zu fragen, ob das, was wir mit dem dadurch verdienten Geld anstellen können, einen tieferen Sinn hat. Wir wollen einfach nur immer mehr davon.

Haben wir das Geld dann verdient, verbringen wir einen Großteil unserer Zeit damit, es für Dinge auszugeben, die wir gar nicht brauchen, von denen uns aber eingeredet wird, dass wir sie brauchen sollten und dass sie unser Menschsein ausmachen. Das erledigt die Werbung, die auf uns von früh bis spät einprasselt, sobald wir nur die Augen und Ohren aufmachen. Selbstverständlich geht jeder Einzelne davon aus, dass er immun sei gegen die Tricks der Werbeindustrie. Ich halte diese Sicht allerdings für sehr naiv. Die Industrie ist bereit, Milliarden dafür auszugeben, uns mit ihren Botschaften einzulullen. Sie evaluiert in Marktforschungen, welchen Nutzen das hat. Stünde unter dem Strich nicht die Erkenntnis, dass die Werbung mehr einbringt, als sie kostet, würden die Manager das Geld sicher lieber behalten. So wirkungslos kann Werbung also nicht sein. Wenn aber jeder glaubt, sie sei wirkungslos, heißt das nur, dass wir getäuscht werden, ohne es zu merken, und dass sich andere an unserer Naivität bereichern.

Unser gesamtes Wirtschaftssystem ist auf solchen Methoden aufgebaut. Es heißt, nur so könne die Wirtschaft beständig wachsen. Die Apologeten des ewigen Wachstums behaupten, dass jede Gesellschaft nur so gedeihen kann. Wenn die Wirtschaft Jahr um Jahr wächst, also mehr Geld verdient, produziert sie genug Wohlstand und Fortschritt, damit alle Menschen glücklich und gesund leben können bis ans Ende aller Tage. Der Denkfehler aber liegt darin, Geld und Glück gleichzusetzen, als ob es uns automatisch umso zufriedener machen würde, je mehr wir uns leisten können. Sie blenden aus, dass Menschen krank und unglücklich werden, wenn sie all ihre Lebensenergie ins Geldverdienen stecken und sich keine Zeit mehr nehmen für ihre Familien, ihre Freunde oder eine sinnstiftende Beschäftigung, die kein Geld abwirft, aber dafür Freude und Befriedigung.

Doch genauso wie der Mensch irgendwann kollabiert, wenn er immerzu dem Geld hinterherrennt, ohne sich nach dem Warum zu fragen, bricht in regelmäßigen Abständen auch ein auf endloses Wachstum ausgerichtetes Wirtschaftssystem zusammen. Die Geschichte hat uns doch gelehrt, dass das nicht gutgeht. Immer wieder kommt es zu katastrophenartigen Abbauprozessen. Auch in der Natur ist jeder Ablauf auf Wachstum und Rückgang angelegt, wie bei Ebbe und Flut. Das einzige System, das stetig wächst, ist der Krebs, und der endet mit dem Tod.

Der Fehler liegt aber nicht in unserem Wirtschaftssystem begründet, ich werde nie zu einem Kommunisten werden, der dem Kapitalismus abschwört. Dass wir in einem System leben, in dem die freien Kräfte des Marktes wirken können, ohne dass sie eine übergeordnete Instanz in eine Zwangsjacke steckt, halte ich für eine Errungenschaft, die wir nicht leichtfertig aufgeben sollten. Auch ich habe als Unternehmer von dieser Freiheit profitiert, sie ist die Grundlage dafür, dass eine Gesellschaft nicht stehenbleibt.

Das Problem ist nur, dass unsere Marktwirtschaft zum Teil absurde Ergebnisse hervorbringt. Natürlich ist es beispielsweise schön, dass wir nicht mehr alle zu Fuß gehen müssen. Zuerst wurden Kutschen gebaut, dann haben Ingenieure das Automobil erfunden. Das bedeutete für die Menschheit einen großen Fortschritt. Wenn der aber dazu führt, dass sich die Menschen selbst dann ins Auto setzen, wenn sie zwei Kilometer später wieder aussteigen, um ins Kino zu gehen, dann hat dieser Fortschritt eine unerträgliche Perversion erreicht. Die Menschen werden krank, weil sie sich nicht mehr ausreichend bewegen, die Umwelt wird zerstört, weil sie die Luft verpesten und die Natur mit immer breiteren Asphaltbändern bedecken. Das kann nicht das Ziel einer gesunden Marktwirtschaft sein. Und doch gibt es solche Perversionen in vielen Lebensbereichen.

Wir räumen dem Geld einfach eine zu große Dominanz ein. Die einzige Möglichkeit, die ich sehe, um seine Macht zu begrenzen, ist, dass wir lernen, bewusst damit umzugehen. Das bedeutet einerseits, genau darüber nachzudenken, was uns die Dinge, für die wir Geld auszugeben bereit sind, tatsächlich wert sind, andererseits aber auch, dass wir den Erfolg unserer Marktwirtschaft nicht allein danach bemessen, wie viel Geld sie erwirtschaftet. Wenn wir in die Berechnung auch mit einbeziehen würden, wie gesund und glücklich die Mitglieder einer Gesellschaft sind und welche Kosten ihr Verhalten etwa in Form von Umweltschäden verursacht, brächte unsere Gesellschaft einen Fortschritt hervor, der diese Bezeichnung auch wirklich verdient.

Es gibt Gesellschaften, die in dieser Frage schon viel weiter sind als wir, zum Beispiel die des Himalaya-Staates Bhutan. Schon Ende der achtziger Jahre sagte dessen König in einem Interview: »Bei uns ist das Bruttoglücksprodukt wichtiger als das Bruttosozialprodukt.« Er verordnete seinem Land eine Entwicklung entsprechend seiner buddhistischen Traditionen, die das materielle Wachstum weniger und das Geistig-Spirituelle mehr fördern sollte. Nach den Ergebnissen repräsentativer Untersuchungen leben in Bhutan tatsächlich sehr glückliche Menschen, gemäß dem 2008 in der Verfassung festgeschriebenen Ziel: »Der Staat soll sich darum bemühen, diejenigen Bedingungen zu fördern, die das Streben nach der Erhöhung des Bruttoglücksprodukts ermöglichen.« So gesehen muss man nicht lange überlegen, wo die tatsächlichen Entwicklungsländer liegen – nämlich hier bei uns in Europa.

Wenn etwas »entwickelt« werden muss, heißt das, dass es vorher »verwickelt« war. Eine Entwicklung hat deshalb immer etwas Befreiendes, und ich habe den Eindruck, dass es uns gut zu Gesicht stünde, wenn wir uns die Chance zugeständen, uns unserer eigenen Entwicklungspotenziale bewusst zu werden und die darin liegende Freiheit neu zu entdecken. Der Mensch ist eben nicht nur ein Wirtschaftsobjekt, auch wenn uns das immer wieder aufs Neue eingeredet wird.

Damit wir uns nicht falsch verstehen: Ich will damit nicht sagen, dass nun jeder von heute auf morgen seinen Job hinschmeißen und sich frei machen soll von allen Zwängen. Es darf sich jedoch jeder Gedanken darüber machen, ob die eigene Situation tatsächlich so lebenswert ist, wie sie zurzeit ist, oder ob sich nicht allein durch die Verschiebung einiger Prioritäten plötzlich ein menschlicher Weg auftut, der vorher nicht sichtbar war.

Was ich in Gesprächen oft höre, ist der Einwand: »Sie haben leicht reden, Herr Rabeder. Aber was soll ich denn tun? Ich habe schließlich eine Familie zu ernähren. Außerdem: Was wäre ich für ein Vorbild, wenn ich nicht auf die Zähne beißen würde?« Ich erwidere dann immer: »Glauben Sie, Sie geben jetzt ein besseres Vorbild ab? Wenn Sie Ihre Kinder kaum zu Gesicht bekommen, weil Sie unter der Woche müde und abgekämpft aus dem Büro nach Hause kommen, wenn die Kinder schon im Bett sind? Und am Wochenende, da sind Sie vom Stress der Arbeitswoche so geschafft, dass Sie auch zu nichts zu gebrauchen sind. Wollen Sie wirklich, dass Ihre Kinder dieses Leben zum Vorbild nehmen?«

In so einer Situation ist es doch vernünftiger zu sagen: »Liebe Familie, ich habe einen Entschluss gefasst. Mein Job nervt mich furchtbar, und ich werde, wenn ich so weitermache, vermutlich nicht alt werden, weil ich irgendwann mit einem Herzinfarkt umfalle. Das möchte ich nicht, und ich hoffe, ihr wollt das auch nicht. Meine Lösung lautet: Ich werde mir einen Job suchen, der mir mehr Spaß macht, aber nur zwei Drittel des Geldes einbringt. Das heißt, wir können bei weitem nicht mehr so viel ausgeben wie jetzt. Worauf sind wir bereit zu verzichten – wir alle miteinander?«

Eine solche Strategie birgt natürlich gewisse Risiken.

Aber gemäß meinem Prinzip, sich zu fragen, was die

schlimmstmögliche Konsequenz einer solchen Entscheidung wäre, kommt man dann schnell zum Ergebnis: Privatkonkurs. Als ich beschloss, mich von meinem Reichtum zu trennen, habe auch ich mir gesagt: Wenn das Schlimmste, das mir passieren kann, die Pleite ist, dann nur zu. Damit befindet man sich doch in bester Gesellschaft. Gerade die hinter uns liegende Krise hat gezeigt, dass jede zweite Bank in die Insolvenz geschlittert wäre, wenn die Regierungen sie nicht mit Unsummen aufgefangen hätten. Sogar einige Staaten Europas sind pleite und werden nur von einem Rettungsschirm am Leben erhalten. Und natürlich zahlen wir dafür, das heißt Sie und ich und noch viele andere.

Für viele Unternehmen hat sich eine Pleite im Nachhinein sogar als Glücksfall erwiesen, weil sie ihnen dabei half, sich der eigenen Stärken bewusst zu werden und Ballast abzuwerfen. Warum scheuen sich dann so viele davor, ein solches Risiko einzugehen? Die Antwort lautet, weil sie dann als Versager gelten. Ich aber erwidere darauf: »Was heißt das denn: Versager? Dann hast du dich eben in deiner Einschätzung geirrt. Aber das ist immer noch besser, als sich bei der Frage zu irren, wie viel man sich selbst eigentlich zumuten kann – und irgendwann am eigenen Unglück zu zerbrechen, mit Herzinfarkt, Burn-out, Krebs oder Depressionen.«

Die zurückliegende Krise wäre eine Chance gewesen, die Entwicklungspotenziale unserer Gesellschaft im großen Stil zu wecken. Die Welt befinde sich am

Abgrund, hieß es, eine Weltwirtschaftskrise historischen Ausmaßes stehe unmittelbar bevor. In Talkshows und Zeitungskommentaren, in Sonntagsreden und Parlamentsdebatten – überall war die Rede davon, dass es so nicht weitergehen könne und wir alle zusammen umdenken müssten. Wie sich herausgestellt hat, war dieses Innehalten jedoch nur ein Moment, in dem alle einmal tief eingeatmet haben – um dann mit vollem Schwung so weiterzumachen wie vor Ausbruch dieser Krise. Dabei hätte man die Gelegenheit nutzen können, die Legende vom ewigen Wachstum aus der Welt zu schaffen.

Ein Gedankenspiel: Was würde passieren, wenn man den gezielten Abbau des Bruttoinlandsprodukts einleitete – sagen wir, um fünf Prozent im Jahr, so lange, bis es halbiert ist? Die Menschen wären aufgefordert, Produkte nicht mehr zu kaufen, die sie nicht benötigen. Damit müssten sie auch nicht mehr produziert werden, es gäbe weniger Müll, man müsste dafür auch nicht mehr arbeiten. Dafür hätten die Menschen dann mehr Freizeit, durch dieses Mehr an Freizeit und das Weniger an Stress bräuchte man weniger Gesundheitsvorsorge und Kinderbetreuung. Es gäbe weniger Umweltzerstörung und so weiter und so fort.

Um über solche Ideen zu diskutieren, braucht es die Bereitschaft, sich von Konventionen zu lösen und auf Neues einzulassen. Nur so wäre es möglich gewesen, aus der Krise wirklich etwas zu lernen. Was aber machten stattdessen Politiker und Wirtschaftsbosse?

Sie verharrten in ihren traditionellen Denkmustern,

gaben Milliarden aus, die wir und unsere Kinder erst in langer, harter Arbeit werden verdienen müssen, und waren froh, als das Hamsterrad, in dem wir alle stecken, wieder einigermaßen zu laufen begann. Nach dem Motto: Puh, Glück gehabt, das ging gerade nochmal gut. Darauf zu setzen, dass sich in unserer Gesellschaft etwas von selbst oder von oben verordnet zum Positiven wendet, ist deshalb sehr naiv. Ob man will oder nicht: Wer ein zufriedenes Leben führen möchte, muss die dafür notwendigen Veränderungen selbst einleiten.

An genau diesem Punkt stand ich selbst, als ich von der Idee Abstand nahm, eigene Fonds aufzulegen. Mir wurde bewusst, dass ich mit allen Ideen, die ich nach dem Verkauf der Firma entwickelt hatte, zwar die richtige Richtung eingeschlagen, sie aber nicht konsequent bis zu Ende durchdacht hatte. Mit Fonds Geld einzusammeln, um damit Sozialprojekte zu unterstützen, folgte noch immer den Grundsätzen des neoliberalen Wirtschaftsdenkens, schließlich erwarten Investoren ja eine Rendite für ihren Einsatz. Und auch mein eigenes Konsumverhalten war immer noch nicht Ausdruck einer neuen Lebenseinstellung, sondern vielmehr eine Fortsetzung der alten Muster.

Auf der Suche nach einer anderen Möglichkeit, Menschen in Entwicklungsländern finanziell zu unterstützen, stieß ich schon Jahre zuvor auf die Form der Mikrokredite. In vielen Ländern reicht bereits eine Summe ab 50 Euro aus, um sich eine Existenz aufzubauen. Damit sich im Rahmen des GREENHOUSE-Projekts Jugendliche und Erwachsene mit einem kleinen Gewächshaus als Gemüsegärtner selbstständig machen können, braucht es lediglich etwa 500 Euro. Mein Gedanke war, die Idee der Mikrokredite mit den zeitgemäßen Möglichkeiten des Internets zu kombinieren, so dass sich viele Menschen in Europa mit kleinen Summen daran beteiligen konnten. So entstand die Idee einer Internetplattform zur Vermittlung der Kredite. Dass es ähnliche Plattformen bereits in den USA gab, erfuhr ich erst später von meinem Gründungspartner, den ich auf einer Reise durch Georgien und Armenien kennenlernte, bei der ich mir noch mögliche Investmentobjekte für den Fonds ansah. Er eröffnete mir: »Was du da vorhast, gibt es bereits in Amerika.«

Ein bisschen erinnert mich dieser Moment heute daran, wie Otto Lilienthal einst das Flugzeug erfand. 1889 veröffentlichte er ein Buch mit dem Titel *Der Vogelflug als Grundlage der Fliegerkunst*. Darin beschreibt er, wie er in unzähligen Experimenten und Selbstversuchen die Voraussetzungen dafür schuf, dass der Mensch heute in die Luft gehen kann. Er analysierte die Flugeigenschaften der Vögel und stellte Formeln dafür auf, welcher Luftwiderstand unter einem Flügel herrschte. Schließlich konstruierte er Gleitflugapparate aus mit Wachstüchern bespanntem Weidenholz und startete damit von erhöhten Punkten. Er war damals aber nicht der Einzige: Als er zum ersten Mal flog, arbeiteten unabhängig von ihm auch viele andere daran, die Sehnsucht des Menschen, fliegen zu können wie ein Vogel, mit der zeitgemäßen Technik umzusetzen. Man hatte gelernt, das Holz entsprechend

190

zu bearbeiten, es gab die passenden Stoffe. Aber das Entscheidende war, dass die Pioniere dieser Zeit die Technik zu nutzen wussten.

Auch wir von MyMicroCredit, wie wir das Portal nannten, waren nicht die Einzigen, die sich mit der Frage beschäftigten, wie man mit den Möglichkeiten des Internets das Prinzip der Mikrokredite weiterentwickeln konnte. Die Idee lag damals in der Luft, und so inspirierte sie uns auf dem Rückflug von Georgien nach Österreich. Weltweit gibt es inzwischen zehn solcher Vermittlungsportale, die Kreditnehmer und -geber im Virtuellen zusammenführen.

Nach unserer Landung hatte ich das Gefühl, auf der Suche nach etwas Sinnvollem in meinem Leben einen entscheidenden Schritt getan zu haben. Ich fuhr mit meinem Auto aus Innsbruck hinaus und machte mich auf den Weg nach Telfs. Unterwegs dachte ich darüber nach, welche Schritte nun notwendig waren, um diese Plattform so schnell wie möglich aufzubauen, und was die Abkehr von der Fondsidee für mein eigenes Leben bedeutete. Als ich meinen Wagen in der Garage abstellte, wusste ich: Wenn ich es wirklich ernst meine, kann ich nicht länger in diesem Haus bleiben.

Die Saat

Als Muhammad Yunus vor knapp dreißig Jahren die Grameen Bank mit dem Ziel gründete, Mikrokredite zu vergeben, war das seine Reaktion darauf, dass der armen Bevölkerung Bangladeshs von den etablierten Banken keine Kredite bewilligt wurden. Auf die Frage, wie er auf diese Idee gekommen sei, antwortete er einmal: »Es ist so simpel. Ein soziales Problem existiert. Ich sehe es und frage mich, wie man dieses Problem lösen kann. Damit ist die Organisation oder das soziale Business schon entstanden.«

Andere hätten womöglich die Mühen gescheut oder sich von der Sorge abhalten lassen, dass die Armen den Kredit nicht würden zurückzahlen können. Yunus dagegen fing einfach an. Heute ist er Nobelpreisträger, und aus der Idee der Grameen Bank ist ein Konglomerat von verschiedenen Organisationen und sozialem Business geworden – mit einer Tochterfirma, die ein riesiges Handynetz betreibt, einem Sozialunternehmen, das gemeinsam mit einem Joghurthersteller die Bangladesher Bevölkerung mit wichtigen Mineralstoffen und Vitaminen versorgt, und vielen anderen mehr.

Mich fasziniert seine Art zu denken, weil ihr Ziel darin liegt, Probleme zu lösen. Er kehrt damit das Prinzip um, mit dem Unternehmen in der Ersten Welt für gewöhnlich ihre Gewinne einfahren: indem sie Probleme erzeugen.

Sehr gut lässt sich das an einem Produkt illustrieren, das wir Tag für Tag konsumieren: Wasser. Viele Jahrhunderte lang haben die Menschen, in den Alpen sowieso, aber auch andernorts, Wasser aus Bächen und Quellen getrunken. Irgendwann wurde das Wasser dann kanalisiert und kam aus der Leitung. Alle haben es getrunken, ohne sich darüber Gedanken zu machen. Bis die Getränkeindustrie merkte, dass man ihre Limonaden nicht zehnliterweise trinken kann, und sie sich nach weiteren Umsatzmöglichkeiten umschaute. Dabei stieß sie auf diese wunderlichen Menschen, die das Wasser aus der Leitung tranken, und überlegte, wie man sich die auch noch als Kunden schnappen konnte.

In großangelegten Kampagnen wurde deshalb das bislang so häufig wie selbstverständlich getrunkene Leitungswasser schlechtgemacht, indem man behauptete: Es schmeckt furchtbar und zweitens ist es ungesund. Das stimmt zwar nicht, jedenfalls nicht bei uns in Europa, beide Behauptungen sind in zahlreichen Untersuchungen widerlegt worden. Aber die Verunsicherungskampagne hat wunderbar funktioniert, viele Leute trinken Wasser heute nur noch aus der Flasche statt aus der Leitung. Es gibt sogar Wässer, die damit beworben werden, bei Vollmond abgefüllt worden zu sein, und die ein Vermögen kosten. Mir ist das ein

Rätsel, ich käme nirgendwo in Europa auf die Idee, Flaschenwasser zu trinken. Es kostet bis zu 2000-mal mehr als Leitungswasser. Es würde doch auch niemand eine Wurstsemmel kaufen, die 4000 Euro kostet.

Viele Menschen aber sind so verunsichert, dass sie sich noch mehr verunsichern lassen und gar nicht merken, dass sie sich für blöd verkaufen lassen. Und dann kaufen sie auch blöd.

Als wir in den Vorbereitungen für unser Mikrokredit-Portal steckten, dachte ich darüber nach, wie ich die Philosophie von Yunus mit meiner eigenen Erfahrung als Unternehmer kombinieren und die Marktmechanismen der westlichen Welt für MyMicroCredit nutzen konnte. Warum sollte keiner von sinnvollen Dingen erfahren, nur weil keine Marktmacht dahintersteckt, die das Ziel hat, noch mehr Geld in die Kassen der Großkonzerne zu spülen? Ich wollte die Informations- und Werbemechanismen für meine eigenen Zwecke einsetzen: Erzähle von dem, was Sinn macht, nicht von dem ganzen Müll, den man sonst vorgesetzt bekommt, und das möglichst spannend. Dass ich nun ein neues Leben führte, bedeutete ja nicht, dass alle Methoden falsch waren, mit denen ich früher gearbeitet hatte. Wenn ich andere Ziele als das der Geldvermehrung an dieselbe Stelle setzte, durfte die Arbeitsweise gern ebenso qualitätsorientiert und zielgerichtet bleiben.

Ich unterhielt mich mit einem Werbefachmann darüber, wie ich MyMicroCredit möglichst schnell bekanntmachen konnte. Er sagte mir: »Du wohnst doch in Tirol. Geh auf die Europabrücke südlich von Innsbruck mit einem großen Schild, auf dem steht: Ich springe für MyMicroCredit! Da fahren täglich Tausende von Autos vorbei, deren Fahrer dich alle sehen. Dann werden noch einige Fernsehteams kommen, die halbe Welt wird merken, dass es MyMicroCredit gibt. Du musst dafür nur eins tun: springen!«

»Okay«, sagte ich, »die Botschaft hab ich verstanden.« Aber es musste noch einen anderen Weg geben, um das, was wir zu erzählen hatten, spannend zu verpacken.

Dass ich mich von meinem Haus trennen wollte, war bereits beschlossene Sache. Dafür sprachen mehrere Gründe: Nachdem Lucies Tochter Babsi ihr Abitur in den USA gemacht hatte, wollte sie auch dort zum Studium bleiben, auf den 350 Quadratmetern lebten mit meiner Mutter, Lucie und mir nur noch drei Menschen – das erschien mir deutlich überdimensioniert. Außerdem war absehbar, dass mich die Arbeit an und für MyMicroCredit ohnehin so oft in die Ferne ziehen würde, dass ich das Haus nicht mehr brauchte. Und drittens begriff ich seine Veräußerung auch als einen reinigenden Akt, sie war der letzte und größte Punkt in meinem Entrümplungsplan.

Da hörte ich von einer Hausverlosung in Kärnten, bei der innerhalb von vier Wochen 10 000 Lose verkauft worden waren, und beschloss, mein Haus auch zu verlosen und so auf den Start von MyMicroCredit aufmerksam zu machen. Ein ehemaliger Millionär, der ein Mikrokredit-Portal aufbaut, zieht niemanden vom Hocker. Aber wenn gleichzeitig sein Haus verlost wird

– das zündet. Als ich Lucie von meiner Idee erzählte, war sie sofort begeistert.

Die folgenden Monate verbrachten wir damit, alle notwendigen Vorkehrungen zu treffen. Die Infrastruktur für das Portal musste aufgebaut, die rechtlichen Voraussetzungen für einen ordnungsgemäßen Ablauf der Verlosung geschaffen werden. 99 Euro sollte ein Los kosten. Es wurden so viele aufgelegt, dass der von einem Gutachter festgelegte Immobilienwert ebenso eingespielt werden sollte wie alle zu erwartenden Nebenkosten. Von dem eingespielten Geld musste ich noch die Bankdarlehen zurückzahlen, die ich auf das Haus aufgenommen hatte. In guter neoliberaler Tradition hätte ich es mir zwar leisten können, das Haus auf einen Schlag zu bezahlen, zog es aber trotzdem vor, einen Teil durch Kredite zu finanzieren, um mein eigenes Geld an der Börse für mich arbeiten zu lassen – mit den bekannten Folgen.

Nach unserer Kalkulation waren 21 999 Lose nötig. Von der mir am Ende verbleibenden Summe wollte ich die Gründungskosten von MyMicroCredit abdecken und Projekte wie GREENHOUSE oder die Schulbäckereien anschieben: Damit Eltern motiviert werden, ihre Kinder zur Schule zu schicken, gibt es in Peru Bäckereien, die die Kinder in der Schule mit frischem Brot versorgen – die Schulbildung bekommen sie dann gewissermaßen zum Nachtisch. Die Bäckereien sollen sich möglichst schnell von allein tragen.

Parallel suchte ich in Lateinamerika nach erfahrenen Mikrokredit-Organisationen, mit denen wir zusammenarbeiten konnten. Mir war von Beginn an wichtig, dass die Auswahl der Kreditnehmer sehr sorgfältig ablief. Ihr soziales Umfeld sollte genauso überprüft werden wie ihr Verantwortungsbewusstsein, um einen Kreditausfall möglichst auszuschließen. Die Menschen sollten außerdem darin geschult werden, mit dem Kapital verantwortungsbewusst umzugehen. Dies sollte die Aufgabe der lokalen Mikrofinanzinstitutionen sein.

Dass ein Mikrokredit ein Leben in eine ganz neue Richtung lenken kann, hatte ich selbst bereits öfter miterleben dürfen, zum Beispiel bei José Luis Baran Canu, einer damals achtzehnjährigen Waise aus Guatemala, mit dem mich Eduardo, der spanische Agraringenieur, bekanntgemacht hatte. José hatte in seinem Waisenhaus voller Begeisterung am Agrarunterricht teilgenommen und wünschte sich nichts sehnlicher, als sich mit seinem eigenen Folienhaus als Gemüsegärtner selbstständig zu machen. Er stellte einen Businessplan für einen nur 190 Quadratmeter großen Folientunnel auf, die 250 Euro dafür bekam er von mir privat. Darin baute er Gemüse an, das er zu regulären Preisen auf dem Wochenmarkt verkaufte. Nach weniger als einem halben Jahr hatte er 340 Euro verdient und konnte mir den Kredit zurückzahlen.

Von solchen Geschichten wollte ich den Menschen in Europa erzählen, um sie zu motivieren, selbst Geld für einen Mikrokredit bereitzustellen. Gleichzeitig wollte ich sie zum Nachdenken über ihr eigenes Leben anregen. Entwicklungshilfe ist für mich keine Einbahn-

straße, auch wir können von den Menschen, denen

wir finanziell helfen, vieles lernen, Lebensfreude oder Zusammenhalt zum Beispiel. Ich hatte das ja oft genug selbst erlebt.

Ich beauftragte also eine auf Online-Marketing spezialisierte Agentur aus Salzburg damit, die Verlosung meines Hauses bekanntzumachen. Sie entwarf eine ansprechende Internetseite, ein Fotograf schoss wundervolle Bilder. Wir verschickten Pressemitteilungen und setzten auf Mund-zu-Mund-Propaganda sowie auf Community-Marketing im Internet. Ich hatte die Hoffnung, dass auf diese Weise viele Menschen über die Hausverlosung auch auf das Mikrokredit-Portal aufmerksam werden würden. Es reagierten ein paar regionale und überregionale Zeitungen sowie zwei Talkshows im österreichischen Fernsehen. Doch die Losverkäufe hielten sich in einem sehr überschaubaren Rahmen. Wäre ich beim Absetzen meiner Kerzen ähnlich erfolgreich gewesen wie beim Verkaufen meiner Lose, hätte ich mir vom Gewinn wahrscheinlich noch nicht einmal eine Holzhütte leisten können. In diesem Moment hieß es, nicht den Mut zu verlieren.

Den brauchte ich auch für meine Trennung von Lucie. Unsere Konflikte waren immer häufiger und intensiver geworden, ein gelassener Umgang mit Problemsituationen war die absolute Ausnahme. Wir hatten uns schon mehrere Male vorher getrennt, einmal war sie sogar für ein paar Wochen ausgezogen. Nach unserer Versöhnung wünschte sie sich unsere Hochzeit und Kinder. Ich war zurückhaltender, ließ mich aber auf einen neuen Versuch des Zusammenlebens ein – doch auch der misslang. Ich spürte instinktiv, dass der Entwicklungsturbo, der bei mir eingesetzt hatte, als ich sie kennengelernt hatte, abgeklungen war. Jetzt hatte ich das klare Gefühl, dass wir einander in unserer Weiterentwicklung behinderten und uns gegenseitig Energie raubten. Als ich ihr sagte, dass ich unsere Beziehung nicht mehr fortsetzen wollte, war sie sehr verletzt.

Für mich war die Trennung aber ein unvermeidbarer Schritt. Hätte ich ihr von Beginn an meine Überzeugung klargemacht, dass jede Beziehung ihr natürliches Ablaufdatum hat, wären die Schmerzen womöglich nicht so groß gewesen. So aber verließ sie das Haus mit dem Gefühl des Scheiterns. Was sie für eine großartige Frau ist, bewies sie allerdings noch einmal kurz vor ihrem Auszug: Ein Fernsehteam kam ins Haus, damit sich die Zuschauer selbst ein Bild davon machen konnten, was sie für 99 Euro gewinnen konnten. Trotz des Trennungsschmerzes sprach Lucie voller Wärme und Zuneigung von meinen Projekten.

Es sollte noch lange dauern, bis ich dahinterkam, was für ein sensibler Kern sich hinter ihrer starken Fassade verbirgt. Ich glaube eigentlich, Menschen relativ schnell einschätzen zu können, wenn ich ihnen in die Augen blicke. Die sind für mich ein Spiegel der Seele. Im Laufe meines Unternehmerlebens musste ich für verschiedene Verkaufsaktionen, die wir für große Lebensmittelketten durchführten, ungefähr fünftausend Menschen einstellen. Da durfte ich ein gewisses

Gefühl trainieren, innerhalb von fünf Minuten zu wissen: Schafft diese Person die Aufgabe, die ich ihr zugedacht habe? Ja oder nein? Wenn es um den Verkauf geht, heißt das: Ist dieser Mensch selbst so begeistert, dass er auch andere begeistern kann? Wer kein Strahlen in den Augen hat, kann das nicht dadurch kaschieren, dass er Sprüche auswendig lernt. Man kann über die Augen sehr viel über einen Menschen erfahren – wenn er es zulässt. Lucies Fassade war für mich aber offenbar undurchschaubar.

Mit noch größerem Elan versuchte ich nach ihrem Auszug, unsere Verlosungsaktion bekanntzumachen. Von den 21 999 Losen war ein halbes Jahr nach dem Start erst rund ein Viertel verkauft. Österreich erwies sich als schlicht zu klein, außerdem hatten wir im Internet offenbar nicht die richtige Klientel erreicht. Nachdem es ohnehin schon einen Vereinssitz von MyMicroCredit e.V. in München gab, war es naheliegend, auch eine Agentur in Deutschland zu beauftragen, um dort MyMicroCredit und die Hausverlosung in die Medien zu bringen.

Hier spielte wieder einmal der Zufall Regie, der mich mit der besten Public-Relations-Agentur in Kontakt brachte, die ich mir wünschen konnte: »modem conclusa«. Eine Agentur von neun Damen, die mit Herz und Seele Projekte antreiben, die ihren ethischen Maßstäben entsprechen. Sie haben fast ausschließlich Kunden aus der Nachhaltigkeitsszene. Ich mag dieses Wort eigentlich nicht, weil sich zu viele dieses Etikett anhaften, ohne es ernst zu meinen. Das gilt aber nicht für die Frauen um ihre Chefin Andrea Klepsch: Die nehmen sehr ernst, was sie jeden Tag tun, bei ihnen fühlte ich mich richtig aufgehoben.

Aus unserer Zusammenarbeit resultierten einige Kontakte zu den Medien. Unter anderem wurde ich von einer Redakteurin des christlichen Magazins »Chrismon« interviewt, das vielen Tageszeitungen in Deutschland beiliegt. Ihr gegenüber war ich anfangs genauso skeptisch eingestellt wie sie mir gegenüber. Sie stellte mir sehr viele kritische Fragen, die mich dazu brachten, selbst noch intensiver über meinen Weg nachzudenken und über das, was nun vor mir lag.

Zu Weihnachten 2009 saß ich in einem halbleeren Haus und nutzte diese Tage zu einer Art innerer Revision. Ich wusste, dass ich alles in meiner Macht Stehende getan hatte, um für meine Pläne Aufmerksamkeit zu erzeugen, doch wirklich durchschlagend war die Verlosung bis jetzt nicht gelaufen. Auch hatten viel zu wenige Menschen von MyMicroCredt erfahren und erst knapp 10 000 Euro über die einen Monat vorher online gegangene Internetplattform an Mikrokrediten vergeben. Ich spürte, dass von mir nun einfach Demut verlangt war.

Man muss das Leben begreifen wie die Arbeit eines Bauern, der Früchte auf seinem Acker ernten möchte. Er bearbeitet den Boden, pflügt ihn und befreit ihn von Unkraut und Steinen. Dann wirft er die Saat aus. Ab einem gewissen Zeitpunkt aber muss sich der Bauer in Geduld üben und der Natur, der Sonne und dem Regen vertrauen.

Ob die Saat aufgeht oder nicht, ob die Keimlinge durch die Oberfläche brechen und daraus widerstandsfähige Pflanzen erwachsen, liegt nicht mehr in seiner Macht. Er kann nur hoffen, so gut vorgearbeitet zu haben und bei der Pflege ein so glückliches Händchen zu beweisen, dass die Pflanzen irgendwann Früchte tragen. Dann kann es trotzdem passieren, dass ein Sturm aufkommt, der einen Teil der Ernte zerstört. Und alles fängt wieder von vorne an. Ein guter Bauer lässt sich bei dem, was er tut, nicht beirren, er verlässt sich auf sein Wissen ebenso wie auf seine Intuition. Er weiß, dass er die Natur nicht lenken kann, er kann sie nur nach Kräften unterstützen.

Auch mein Feld war bestellt, jetzt brauchte es nur noch zu regnen und die Sonne zu scheinen.

Das geschah Ende Januar. Von da an nahm die Sache Fahrt auf. Die Veröffentlichung des »Chrismon«-Interviews war für meinen Acker wie ein Wunderdünger – danach stand das Telefon kaum noch still. Die daraus resultierende Aufmerksamkeit hatte für mich allerdings zwei Seiten. Die gute war, dass mir viele Leute schrieben, wie dankbar sie dafür seien, dass ich meine Gedanken nicht für mich behielt. Für sie war mein »Outing« der Beweis dafür, dass sie mit ihren Zweifeln nicht allein waren.

Fünf Jahre zuvor wären die Reaktionen womöglich noch ganz anders ausgefallen. Wir waren ja alle wie berauscht gewesen vom neoliberalen Hype. Das Immer-Mehr war zum Selbstzweck einer Gesellschaft geworden, die dafür alle Hüllen fallen gelassen hatte.

Dass nun aber jemand in der Öffentlichkeit erklärte, dass er auf einem Irrweg gewesen war und ihn jetzt verlassen hatte, verschaffte vielen Menschen offenbar Erleichterung.

Die schlechte Seite war, dass ich nun im Blickpunkt stand, ob ich wollte oder nicht. Mir jedoch war nur wichtig, dass meine Ideen bekanntwurden, nicht ich. Ich habe es als Kind schon gehasst, fotografiert zu werden. Das liegt an meinem Großneffen, einem Fotografen: In meiner Kindheit wurden zu jedem Geburtstag Fotos von mir gemacht. Jedes Jahr aufs Neue musste ich einen halben Tag vor seiner Kamera stehen, jedes Mal mit einem neuen Motiv. Karli im neuen Trachtengewand, mit schöner Hose und einem netten Hemd. Vor dem Kirschbaum, neben dem Misthaufen – und alles in furchtbarer Hitze, mein Geburtstag fällt in den Juni. Oder Karli vor dem Indianerzelt. Stehend, im Schneidersitz, aber immer mit Schweißflecken unter den Achseln. Meine Aversion vor Kameras zog sich bis ins Erwachsenenalter.

Es war eine Redakteurin des ORF, die mich ein Stück weit davon befreite. Ich sagte ihr: »Genügt es nicht, wenn Sie mein Haus filmen und unsere Seite im Internet? Ich muss doch gar nicht zu sehen sein.« Sie erwiderte: »Wissen Sie, das geht vielen so. Sie fühlen sich unwohl vor der Kamera. Aber unsere Zuschauer wollen den Menschen sehen, dessen Idee das alles war und der sie umsetzt. Und das sind Sie. Wenn Sie wollen, dass unsere Zuseher von Ihren Ideen erfahren, müssen Sie selbst davon erzählen. Die einzige Chance, sich mit Ihrer Situation anzufreunden, ist deshalb, sich mit ihr abzufinden.« Also fügte ich mich, es war ja für einen guten Zweck.

Ich muss allerdings sagen: Es gab nicht nur freundliche Reaktionen auf mein Vorhaben. Natürlich wurde mir in jedem Interview die Frage gestellt, wo und vor allem wovon ich in Zukunft würde leben wollen. Ich gab darauf jedes Mal dieselbe Antwort: »Ich weiß noch nicht, wohin es mich verschlagen wird. Am liebsten würde ich in einer Hütte irgendwo in den Bergen leben und nur das mitnehmen, was in zwei Rucksäcke passt. Mehr brauche ich nicht.«

Und auch, wie ich die tausend Euro verdienen wollte, die ich für mein Leben veranschlagte, wüsste ich noch nicht genau, sagte ich. Es würde sich schon etwas ergeben: »Ich habe eine Ausbildung zum Coach absolviert, werde zu Seminaren und Vorträgen eingeladen – ich lasse das auf mich zukommen.« Trotzdem gab es viele, die nicht so recht glauben wollten, dass ich wirklich bereit war, mich von all meinem Geld zu trennen. Sie fragten misstrauisch: »Sie haben aber schon noch Reserven?«

Wenn ich darauf erwiderte, dass ich natürlich Reserven hätte, bemerkte ich ein Blitzen in den Augen, weil mein Gegenüber wohl dachte, mich überführt zu haben. Gefolgt allerdings von großer Enttäuschung, wenn er hörte: »Meine Reserven sind die Fähigkeiten, die ich in mir trage – meine Kreativität, meine Begeisterung und mein Gespür.« Meine Gesprächspartner hatten wieder nur eine Energieform im Sinn gehabt

– nämlich Geld. Viele Leute denken einfach, dass alles, was man nicht unmittelbar und sofort zu Geld machen kann, nichts wert sei. Oder gar nicht erst vorhanden – und das ist noch viel schlimmer.

Die Skepsis mir gegenüber hat aber auch noch eine andere Ursache. Manche, mit denen ich sprach, konnten sich schlicht nicht vorstellen, dass ich es wirklich ernst meinte damit, all das aufzugeben, was ich mir über Jahrzehnte aufgebaut hatte. Insgeheim unterstellten sie mir, dass ich zwar wie ein wohltätiger Samariter auftrat, tatsächlich aber mein Geld nur versteckte. So, als sei alles, was ich tat, nur darauf ausgerichtet, noch mehr Geld zu bekommen, um am Ende allen eine lange Nase zeigen zu können. Damit verrieten sie allerdings mehr über sich selbst, als sie mir zu entlocken vermochten. Ein österreichisches Sprichwort sagt: »Wie der Schelm denkt, so ist er.« Wer einem anderen unterstellt, er sei link und sage nicht die Wahrheit, tut das nur, weil er selbst sich in einer solchen Situation link verhalten und die Unwahrheit sagen würde.

Das Gespräch mit der »Chrismon«-Redakteurin allerdings behielt ich in sehr guter Erinnerung, weil es mir zeigte, dass es durchaus Journalisten gibt, die tatsächlich an der Wahrheit interessiert sind und ihr mit oft auch unbequemen Fragen auf den Grund zu gehen versuchen. Aber gerade Zeitungen wie die, die ich selbst als Jugendlicher noch unschuldigen Leondingern aufgeschwatzt hatte, halten sich nicht lange mit so etwas Lästigem wie der Realität auf, sondern schielen nur darauf, was die Verkaufszahlen nach oben treibt. Ein Millionär, der die Öffentlichkeit täuscht mit seiner Geschichte vom Geld, das ihn nicht glücklich gemacht hat, damit in Wirklichkeit aber nur noch viel mehr kassieren möchte – so etwas lässt sich natürlich viel besser verkaufen als die Wahrheit.

Ach, werden sich jetzt vielleicht viele denken, dass das, was in solchen Zeitungen steht, gelogen ist, weiß doch sowieso jeder. Ich befürchte, dass es so einfach nicht ist. Es ist ein ähnliches Prinzip wie bei der Werbung, von der jeder sagt, dass sie bei ihm wirkungslos sei. Niemand würde freiwillig Geld dafür bezahlen, täglich belogen zu werden. Ich befürchte vielmehr, dass viele eben doch glauben, was sie da lesen, und dass sich das Weltbild, das in solchen Zeitungen gezeichnet wird, tief in den Köpfen, Herzen und Seelen ihrer Leser einnistet und zur Grundlage ihres Handelns wird.

Als es auf den Sommer zuging, war der Ausverkauf der Lose langsam absehbar. Über MyMicroCredit waren bereits viele Mikrokredite vergeben, auch weil einige Schulprojekte in Österreich und Deutschland initiiert wurden, die sich fächerübergreifend mit diesem Thema beschäftigten. Die daran beteiligten Klassen wählten sich einzelne Projekte von unserer Internetseite aus, die sie selbst finanzierten. Es war alles auf einem guten Weg.

Für mich persönlich bedeutete das, dass ich mir nun langsam Gedanken darüber machen musste, wohin ich nach der Verlosung ziehen wollte. Inzwischen war ich in dem Haus ganz allein, meine Mutter war in eine

Einrichtung für betreutes Wohnen gezogen. Unser Verhältnis hatte sich mit dem Alter zunehmend entspannt, weil ich das, was ich über viele Jahre so scharf kritisiert hatte, in einem anderen Licht sah. Früher hatte ich ihre Selbstaufgabe weder annehmen noch verstehen können. Heute hingegen kann ich damit viel besser umgehen, weil ich grundsätzlich anderen Lebenseinstellungen gegenüber offen bin. Und außerdem trage ich ja vieles von dem, was sie dazu gebracht hat, sich für mich einzusetzen, auch in mir. Sie ist mir damit als Gesamtpersönlichkeit viel verständlicher geworden.

Wohin es mich verschlagen würde, war noch vollkommen unklar. Ich hatte keine Vorstellung davon, wo mein neues Zuhause liegen und wie es aussehen würde. Das Einzige, was ich zu diesem Zeitpunkt wusste, war, dass mir mein Bauch schon rechtzeitig mitteilen würde, wo ich würde landen können.

Der Neubeginn

Von Perikles ist der Spruch überliefert: »Das Geheimnis des Glücks ist die Freiheit. Das Geheimnis der Freiheit aber ist der Mut.« Einerseits ist das richtig: Es bedarf in der Tat einer Portion Mut, sich Freiheit zu erlauben. Man muss dafür einige Hürden überwinden, zuallererst die im eigenen Kopf. Andererseits aber gehört in meinen Augen noch mehr Mut dazu, ein Leben in Unfreiheit zu führen. Viele Menschen haben die Befürchtung, dass sie untergehen, wenn sie ihr vertrautes Terrain erst einmal verlassen haben. Ich halte das für eine sehr entmündigte Haltung. Man delegiert Zuständigkeiten nach außen, die eigentlich bei einem selbst liegen.

Ich empfinde es deshalb eher als mutig, das Leben zu führen, das die meisten Europäer leben. Weil ich mir die Frage stelle: Was hat der oder die davon? Sicherheit, so, so. In Wahrheit ist es die Sicherheit, ein ganzes Leben unglücklich zu sein. Im Vergleich dazu ist die Unsicherheit, nicht zu wissen, wie das Leben weitergehen wird, doch ein Riesenfortschritt. Es kann entweder unglücklich weitergehen oder glücklich – aber es gibt zum Unglück wenigstens eine Alternative.

Ein solcher Schritt kostet Überwindung. Doch die gute Nachricht ist: Wer sich nicht loszulassen traut, der kann es lernen. Ich selbst bin ein Beispiel dafür, dass man das schaffen kann. Lange Zeit hatte ich mir nicht vorstellen können, dass ich wirklich einmal bereit sein würde, mich von meinem alten Leben zu verabschieden. Mir half ein schönes Denkspiel dabei: Angenommen, das Ende deines Lebens stünde unmittelbar bevor: Was würdest du tun, wenn dir nur noch ein Tag Zeit bliebe? Stellt man diese Frage jemandem um acht Uhr in der Früh, der gerade auf dem Weg in sein Büro ist, würde der wohl antworten: »Ich würde auf der Stelle umdrehen, meine Kinder von der Schule abholen und sie umarmen, meine Frau abholen und sie umarmen – und wir würden uns alle zusammen einen schönen Tag machen.«

Bei nur noch einem verbleibenden Tag stünde bei jedem das Verabschieden von den Liebsten im Vordergrund. Was würde dieser Mensch aber wohl tun, wenn ihm noch ein Monat bliebe oder zwei oder drei? Erst wenn man auch angesichts eines so langen Zeitraums sagen kann: »Ich würde dasselbe tun, was ich jetzt auch mache« – erst dann weiß man, dass das Leben passt, wie es ist.

Ich plädiere mit meinem Ansatz ja gar nicht für einen Komplett-Umstieg. Es genügt schon, wenn jeder einen kleinen Schritt in die Richtung tut, die ihm das Gefühl vermittelt, die richtige zu sein. Wir müssen nicht alle Industrieanlagen dichtmachen, das Arbeiten einstellen, allesamt auf die Alm ziehen und Schafe oder Ziegen hüten – keine Spur. Es wäre schon viel geholfen, wenn jeder, sobald er ein Unbehagen spürt, das nicht mehr verschwinden mag, zu handeln beginnt, statt sich in seiner Misere komfortabel einzurichten.

Dass ich in einem Leben angekommen bin, wie ich es mir wünsche, merke ich allein schon daran, wie meine Tage heute beginnen. Früher stürzte ich nach dem Aufstehen (was meistens nicht allzu früh war, weil ich ein typischer Abendmensch bin) schnell einen Kaffee hinunter und beschäftigte mich dann mit meinen zahlreichen To-do-Listen. Manchmal habe ich so viele Listen geführt, dass ich schon fast eine To-do-Liste brauchte, um festzulegen, in welcher Reihenfolge ich die eigentlichen Listen am besten abarbeiten konnte.

Heute mache ich das anders. Nach dem Aufwachen entscheide ich, was die zwei, drei Dinge sind, die an diesem Tag ohne Wenn und Aber zu erledigen sind. Das Gegenteil von To-do-Listen sind ja nicht »Not-to-do-Listen«, ich arbeite immer noch genauso zuverlässig und gewissenhaft wie zu meiner Zeit als Unternehmer. Doch heute denke ich mir: Wenn ein paar der unwichtigen Dinge unerledigt bleiben, wird es auch niemanden stören. In Relation zu dem unendlichen Stress, den das sklavische Befolgen der To-do-Listen mir jahrelang bereitet hat, ist es mir heute deutlich lieber, irgendwo anrufen zu müssen und zu sagen: »Tut mir leid, ich bin nicht fertig geworden, bitte gedulden Sie sich bis morgen.«

Und bevor ich mit den wichtigen und unaufschiebbaren Arbeiten beginne, frage ich mich zuerst, was ich an diesem Tag außerdem tun möchte, damit es mir selbst gutgeht und somit auch den anderen. So mache ich morgens ein paar Qi-Gong-Übungen, betreibe Zen-Meditation oder setze mich mit einer Tasse Kaffee in die Natur, um die Bilder, Geräusche, Gerüche und Energien aufzusaugen. Und dann erst geht's frisch und erfüllt an die Arbeit.

Ich achte sehr genau darauf, dass ich mein Leben so wenig wie möglich nach dem Geldverdienen ausrichte. Das bedeutet nicht, dass ich Geld verteufle, sondern dass ich bewusst damit umgehe, sowohl damit, wie es auf der einen Seite hereinkommt, als auch damit, wie es auf der anderen Seite wieder hinausgeht. Bewusster Umgang mit Geld bedeutet für mich deshalb vor allem zu beschließen: Wie viel meiner Energie bringe ich fürs Geldverdienen auf und wie viel für die anderen Dinge, die mir zusätzlich wichtig sind? Es ist doch ein Irrsinn, wenn die Menschen fast hundert Prozent ihrer Energie im Job vernichten und im restlichen Leben nur seelenlose, energielose Hüllen übrig bleiben, die abends wie in Trance nach Hause fahren und dort vor dem Fernseher einschlafen.

Oft höre ich den Einwand, dass ich ja leicht daherreden könne, ohne Familie, die ich ernähren müsste, für niemand anderen verantwortlich als für mich selbst. Aber wie bitte schön sollen das diejenigen machen, die einem klassischen 1000-Euro-Job nachgehen, um ihre Familie über die Runden zu bringen? Die können ja wohl nicht alles einfach hinschmeißen, ohne zu wissen, wie es weitergehen soll. Meine Antwort darauf lautet: Jeder hat eine auffällige Stärke. Es mag sein, dass unsere Gesellschaft noch nicht so weit ist, alle diese Stärken in Geld aufzuwiegen. Sie sind aber nichtsdestotrotz sehr wertvoll. Und früher oder später zahlt das Leben dafür auch zurück – in Geld oder anderen Energieformen, die noch viel wichtiger sind.

Es erfordert natürlich viel Mut, einen unbefriedigenden Job hinzuwerfen, ohne zu wissen, wie viel Geld im neuen Leben zur Verfügung stehen wird. Es führt deshalb kein Weg daran vorbei, sich zu fragen, an welchen Stellen man Geld einsparen kann, wenn man eine solche Entscheidung trifft. Jeder muss sich die Frage stellen, was er wirklich braucht. Ich bin sicher: Wer sein Leben gründlich durchforstet, wird viele Einsparmöglichkeiten finden, die ihm auf den ersten Blick gar nicht auffallen. Wir haben uns so sehr ans Geldausgeben gewöhnt, dass es uns zunächst unmöglich erscheint, auf bestimmte Dinge zu verzichten. Doch haben wir uns erst einmal zu einem solchen Schritt entschieden, fällt uns oft auf, wie wenig wir diese Dinge vermissen.

Mein eigener Neubeginn hatte bei mir aber nicht nur Auswirkungen auf das Leben am Boden, sondern auch auf das in der Luft. Ich sagte mir irgendwann: Es gibt so viele andere spannende Dinge, die ich in diesem Leben als Vogel noch erleben möchte, dass sich das nicht damit verträgt, auch in den kommenden dreißig Jahren das Segelfliegen so intensiv zu betreiben wie in den zurückliegenden. Segelfliegerisch habe ich bei weitem noch nicht alles erlebt. Ich hätte mir vornehmen können, meine Intuition beim Segelfliegen so weit zu perfektionieren, dass ich nahezu ein vollendeter Segelflieger werden würde. Stattdessen wollte ich noch einfacher, noch vogelähnlicher fliegen, in noch direkterem Kontakt mit der Natur. So kam ich zum Gleitschirmfliegen. Meine Begeisterung fürs »Fetzenfliegen«, wie man es in Österreich auch nennt, habe ich einer Frau zu verdanken, die zwischenzeitlich in mein Leben platzte und es ordentlich durcheinanderwirbelte.

Kennengelernt hatten wir uns schon in der Zeit, in der ich mich von Irene trennte, allerdings nur im Virtuellen. Wegen unserer Begeisterung fürs Fliegen waren wir im Internet aufeinander aufmerksam geworden und hatten uns über unsere jeweiligen Ausprägungen des »Vogelseins« ausgetauscht, sie als begeisterte Gleitschirmpilotin, ich als ebenso fanatischer Segelflieger. Wir spürten beide schnell, dass wir auf einer Wellenlänge waren, und wechselten zum Telefon. Die Gespräche entwickelten sich so vertraut und herzlich, dass wir uns treffen wollten.

Dazu kam es aber nicht, denn kurz davor sagte sie ab. Chiara, mehr als ihren Vornamen kannte ich damals nicht, sagte mir, dass sie so viel in ihrem Leben zu lösen habe, selbst noch so viele Antworten zu finden, dass ein Treffen mit mir zu früh komme. Ich möge bitte Verständnis haben. Und so verschwand sie aus meinem Leben genauso schnell, wie sie hineingeraten war.

Es dauerte sieben Jahre, bis ich wieder von ihr hörte. Ganz unvermittelt auf einem Berg oberhalb von Innsbruck, auf den ich mich in der Silvesternacht 2009 zurückgezogen hatte, vorbei an einsamen Skipisten und stillstehenden Liften. Ich wollte im Moment des Jahreswechsels ganz für mich allein sein, als mich eine Kurznachricht erreichte: »Ich wünsche dir, dass du mit deinen Projekten die Herzen und Seelen vieler Menschen zum Strahlen bringst. Alles Gute im neuen Jahr, Chiara.« Im Gegensatz zu ihr hatte ich ihr so viele Hinweise auf meine Identität gegeben, dass sie mich in den Zeitungsartikeln wiedererkannte, die rund um die Verlosung des Hauses und den Start von My-MicroCredit erschienen waren.

So stand ich da oben in der Kälte, das Feuerwerk unter mir, der klare Himmel über mir, und dachte darüber nach, wie ich darauf am besten reagieren konnte. Weil ich das persönliche Gespräch jeder Art von elektronischer Kommunikation vorziehe, drückte ich kurzentschlossen die grüne Taste und rief sie an. Damit hatte sie scheinbar nicht gerechnet.

Eigentlich hatte sie kein Interesse daran, den Kontakt mit mir wiederaufzunehmen. Doch innerhalb weniger Minuten hatte sich die altbekannte Vertrautheit zwischen uns eingestellt, und wir beschlossen, das Treffen nachzuholen, das seit sieben Jahren offenstand. Sie wusste aus den Zeitungen, wie ich aussehe, und sagte zu mir: »Keine Sorge, auch du wirst mich erkennen.« Sie beschrieb mir ein paar markante Details ihres Äußeren.

Eine Woche später trafen wir uns am Flughafen von Innsbruck – wo sonst sollten sich zwei Vögel treffen? Ich wartete einige Minuten am vereinbarten Treffpunkt, als in letzter Sekunde eine Frau aus dem Parkhaus kam und auf mich zurannte. Von diesem Augenblick an war ich hin und weg von ihr. Ich mochte ihre Art, sich zu bewegen, sie hat etwas Pantherartiges. Ich mochte, wie sie lachte und wie sie sprach. Vor allem aber mochte ich die wundervolle Energie, die sie ausstrahlte. Wir begegneten uns seelisch auf eine so intensive Weise, dass ich das Gefühl hatte, ich würde sie seit Ewigkeiten kennen. Ich verstand sie auf eine ganz natürliche Weise, egal ob sie verbal oder nonverbal kommunizierte. So etwas war für mich bis dahin unvorstellbar gewesen.

Es folgten unendlich innige neunzehneinhalb Wochen. Mit ihr erlebte ich eine Intensität an Gefühlen und Empfindungen wie mit keinem Menschen zuvor, es war gewissermaßen eine Seelenverwandtschaft ersten Grades. Doch sie wurde abrupt aufgekündigt. Ganz unvermittelt brach sie den Kontakt zu mir ab, weil sie, wie sie sagte, ihren Lebensweg allein gehen müsse. Ich spürte, dass, so sehr es mich auch schmerzte, dies für sie der richtige Weg war. Also ließ ich sie ziehen, wenn auch unter großen Schmerzen.

Durch sie lernte ich unter anderem, einen Menschen so anzunehmen, wie er ist, auch wenn er in manchen Punkten ganz anders tickt als ich. Dass ein anderer etwas tut, was mich verletzt, und ich ihm trotzdem

nicht böse sein kann, nein, ich ihn sogar schätze und

liebe, das war für mich früher ausgeschlossen. Doch jetzt verstand ich zum ersten Mal, dass jemand in einer solchen Situation nicht in der Absicht handelt, mich zu verletzen, sondern, weil er einfach keine andere Wahl hat oder keine Alternative sieht.

Nachdem sie aus meinem Leben verschwand, waren wir nur ganz selten per E-Mail in Kontakt. Einmal wollte sie wissen, warum ich mit dem Gleitschirmfliegen begonnen hatte. Und ich antwortete ihr:

»Vor knapp fünfzehn Jahren hab ich in Neuseeland einen Gleitschirm-Tandemflug gemacht und dabei vieles sehr genossen: die Stille, das Spüren der Luft auf meiner Haut, auch ihrer Temperaturunterschiede, das Riechen des Bodens, des Waldes, die Langsamkeit der Bewegung, dass ich jede Luftbewegung in den Bäumen und im hohen Gras sehen konnte. Und noch vieles mehr.

Eines hat mir allerdings gefehlt zur überschäumenden Begeisterung, das war das Gefühl des Fliegens wie ein Vogel, der auf seinen Schwingen durch die Lüfte zieht. Ich hatte die Vermutung, dass dies damit zusammenhängt, dass es eben doch eine Art Fallschirm ist. So habe ich mir vorgenommen, später einmal mit dem Gleitschirmfliegen anzufangen, und es immer wieder wegen irgendwelcher segelfliegerischer Aktivitäten verschoben.

Viele Jahre später lernte ich eine wundervolle, faszinierende und hochsensible Frau mit strahlenden Augen kennen. Immer wenn sie vom Gleitschirmfliegen erzählte, leuchteten ihre Augen noch viel mehr. Sie erzählte von dem Gefühl des Fliegens wie eine Dohle, von dem Gefühl, eigene Flügel zu haben. Und weil ich vieles sehr ähnlich empfinde wie sie und ich ihrer Wahrnehmung vertraue, machte mich das so neugierig, dass ich einen Gleitschirm-Schnuppertag buchte.

Schon bei den Bodenübungen hatte ich das Gefühl, dass da etwas anders war als in Neuseeland, und als ich dann das erste Mal am Übungshang abhob, spürte ich es: Wow! Es ist, wie eigene Flügel zu haben, die an meinem Becken und an meinen Armen angewachsen sind, und über die ich die Luft so spüren kann, wie ich sie immer schon spüren wollte. So intensiv, wie ich sie auch beim Segelfliegen nur in wenigen Momenten spürte. Dass dieser luftgefüllte Flügel sich so majestätisch und natürlich zugleich anfühlt, das hätte ich nie erwartet!

Ja, es macht einen Riesenunterschied, ob man wie ein Sack an einem Tandempiloten dranhängt oder ob man selbst Flügel hat, vor allem, wenn man von Natur aus ein Vogel ist.«

Vier Tage ließ Chiara verstreichen, bevor sie auf meinen hymnischen Bericht reagierte. »Ich wünsche dir, dass du den Weg gehst, der dich zu deinem Seelenfrieden führt. Alles Gute, Chiara«, schrieb sie.

Den Weg zu gehen, der zum Seelenfrieden führt – letztlich ist das eine der wesentlichen Lebensaufgaben, die jeder Einzelne selbst zu bewältigen hat. Man muss dafür aber gar nicht den ganzen Weg kennen, der dorthin führt. Wichtig ist nur, zu wissen und zu spüren, ob einen der jeweils nächste Schritt näher bringt oder weiter davon weg.

Je bekannter meine Geschichte durch die Hausverlosung wurde, umso öfter wurde ich zu Vorträgen und Seminaren eingeladen, um davon zu berichten, wie ich meinen Weg gefunden hatte. Es geht mir bei solchen Veranstaltungen nie darum, andere davon zu überzeugen, dass sie genau die gleiche Route nehmen sollen wie ich. Es wäre anmaßend zu glauben, dass der Weg, der sich für mich als der richtige erwiesen hat, auch jeden anderen zum Seelenfrieden führt. Ich möchte niemandem meinen Lebensweg aufdrängen.

Gleichzeitig spüre ich, dass in vielen Menschen dieselben Sehnsüchte schon lange schlummern, so, wie sie bei mir auch zwanzig Jahre lang geschlummert haben. Ich möchte dem einen oder anderen Mut machen, der Stimme seines Herzens zu folgen und auch einen kleinen oder größeren Schritt in die richtige Richtung zu gehen, um im Hier und Jetzt zu leben. Nicht in der Vergangenheit, weil man einer Erinnerung nachhängt oder sich mit der Aufarbeitung vergangener Probleme aufhält, nicht in der Zukunft, weil man sein Denken ständig nur auf das Erreichen des nächsten Zieles ausrichtet und sich nie mit dem zufriedengeben kann, was heute ist.

Lesen Sie, was ich meine. Ein Schüler geht mit seinem Zen-Meister spazieren. Irgendwann fragt er: »Meister, was ist das Wesen des Zen?« Der Meister geht weiter und sagt nach ein paar Schritten: »Wenn ich gehe, dann gehe ich.« Später sitzen die beiden beim Essen, 219 und der Schüler stellt wieder dieselbe Frage: »Meister, was ist das Wesen des Zen?« Und der Meister antwortet: »Wenn ich esse, dann esse ich.« Der Schüler bekommt nie eine klare Antwort aus dem Mund des Meisters. Aber er kann die Antwort aus dem ableiten, was der Zen-Meister sagt. Sei im Hier und Jetzt, lebe jeden Moment achtsam.

Das ist vielleicht auch die Antwort auf die Frage, was der Sinn des Lebens sei, die ich mir selbst schon oft gestellt habe. Der Sinn des Lebens ist – das Leben selbst, und zwar in jedem einzelnen Moment. Wenn ich in meinen Vorträgen von solchen Gedanken erzähle, vom wahren Menschsein, erlebe ich regelmäßig, wie die Augen im Publikum zu leuchten beginnen. Die Zuhörer mögen während eines anstrengenden Kongressprogramms noch so müde sein: Wenn ich von meinem Leben berichte und über das Menschsein ganz allgemein spreche, richten sie sich auf, das Getuschel verstummt, ihre Gesichtszüge werden weicher, und ihre Augen strahlen.

Was ich bei solchen Gelegenheiten und vor allem in Seminaren gerne mache, um meinen Zuhörern die Augen zu öffnen, ist eine Werte-Zeit-Gegenüberstellung. Die Aufgabe lautet: Nimm dir ein Blatt Papier, mache in der Mitte einen Strich und notiere links die wichtigsten Werte für dein eigenes Leben. Da kann stehen: körperliche und geistige Gesundheit, Freunde, Familie, Natur, Umwelt, Spiritualität und so fort. Stehen dort fünf, acht, zehn Werte, werden sie sortiert, so

dass das Wichtigere oben steht und das Unwichtigere

nach unten rutscht. Dann folgt die Aufgabe für die rechte Hälfte des Blattes Papier: Schreib auf, wie dein üblicher Tagesablauf an einem Arbeitstag aussieht. Wenn dann da zu lesen ist: Sechs Uhr aufstehen, hastiger Kaffee als Frühstück, 45 Minuten Fahrt ins Büro, elf, zwölf Stunden Arbeit, dann ist den meisten die Botschaft dieser Übung eigentlich schon klar.

Stehen Familie und Freunde ganz oben auf der linken Seite – wie verträgt sich das damit, bis acht Uhr abends im Büro zu sitzen? Wenn körperliche und geistige Gesundheit folgen – wie passt es dann dazu, dass der einzige Sport im Leben der ist, den man sich abends im Fernsehen ansieht und man den Geist nur mit intellektuellem Junkfood füttert? Mit einer solchen Gegenüberstellung konfrontiert, stellen viele fest, dass sie genau umgekehrt zu den eigenen Wünschen leben. Die unwichtigsten Werte stehen links ganz unten, verbrauchen aber die meiste Zeit und persönliche Energie. Und sie merken: Das kann es doch nicht sein.

Was man mit einer solchen Erkenntnis anfängt, muss jeder selbst wissen. Niemand kann es einem abnehmen, die richtigen Konsequenzen zu ziehen. Doch wenn es mir am Ende einer solchen Veranstaltung gelungen ist, zu zeigen, dass es Lust bereitet, Eigenverantwortung zu übernehmen, und keine Last ist, dann ist schon viel gewonnen.

Denn eines ist sicher: Diese Verantwortung wird einem niemand abnehmen. Nicht die Politiker, nicht die Medien und nicht die Industrie. Wie groß die Auswirkungen sein können, wenn jeder Einzelne Veränderungen in seinem Leben einleitet, zeigt ein Rechenbeispiel von Gregor Sieböck. Er hat schon viel früher als ich kapiert, dass er seinen eigenen Weg gehen muss. Nach seinem Studium und ein paar Auslandsaufenthalten erhielt er mit sechsundzwanzig ein mehr als verlockendes Angebot von der Weltbank, von dem sich viele andere gedacht hätten: »Wow, da bekomm ich mächtig Kohle, muss mir keinen Haxen ausreißen und habe für dieses Leben ausgesorgt.« Er jedoch stellte sich die entscheidende Frage: »Was will ich wirklich?« – und sagte der Weltbank ab. Denn was er wirklich wollte und immer noch will, ist, etwas dazu beizutragen, dass Menschen bewusster zu leben lernen und mit den Ressourcen unseres Planeten schonend umgehen.

Und so lief er einfach los. In drei Jahren wanderte er um die halbe Welt, gab dabei etliche Interviews und traf zahlreiche Menschen. Danach hielt er eine Vielzahl von Vorträgen und schrieb sein Buch *Der Weltenwanderer*, das seine Reise dokumentiert. Darin führt er folgendes Rechenbeispiel an: »Ich entscheide mich heute, bewusster, einfacher und verantwortungsvoller zu leben, und nehme mir ein Jahr Zeit, um diese Veränderungen umzusetzen und einen anderen Menschen dazu zu inspirieren, ebenso bewusst zu handeln. Im darauffolgenden Jahr sucht sich diese/r von mir bereits Inspirierte und ich jeweils wieder eine/n andere/n, bei der/dem wir die Sehnsucht wecken, ebenso zu handeln. Jahr für Jahr setzt sich diese Geschichte fort. Dabei braucht es lediglich dreiunddreißig Jahre, um die Welt zu verändern, denn zwei hoch dreiunddreißig ergibt über neun Milliarden Menschen. Sie alle leben schließlich bewusster, wobei die Veränderungen von einem einzigen Menschen ausgegangen sind.«

Bei einem Kongress, der zum Ziel hatte, in den Köpfen einen Samen der Veränderung zu pflanzen, habe ich selbst einmal einen sehr inspirierenden Vortrag gehört, der mich noch lange beschäftigt hat. Er handelte von der Theorie der »Verhausschweinung« nach Konrad Lorenz, dem österreichischen Verhaltensforscher. Der Vortrag begann mit dem Bild eines Wildschweins, gefolgt von der Abbildung eines klassischen Mastschweins. Der Referent stellte die Frage, was die beiden voneinander unterscheide, nicht nur in der Außenbetrachtung, sondern auch in der Art und Weise, wie sich jedes Tier fühlt und welche Vorteile und Nachteile das eine gegenüber dem anderen hat. Es begann eine muntere Aufzählung: Das Wildschwein lebt in Freiheit im Wald und kann tun und lassen, was es will, das ist echt fantastisch. Auch der kalte Winter ist zu ertragen, wenn man sich vorher einen Winterspeck anfrisst. Wäre da nicht die große Angst eines jeden Wildschweins, auf unnatürliche Weise ums Leben zu kommen, indem es vom Jäger erschossen wird – jedes Schwein würde am liebsten als Wildschwein leben.

Aber auch das Leben als Mastschwein hat seine Vorteile. Es gibt keine Sorgen um das tägliche Futter, denn der, der es mästet, versorgt es, er hat ein eigenes Interesse daran, dass das Schwein schnell dick wird. Im Winter muss es nicht frieren, denn es steht ja ohnehin das ganze Jahr im Stall. Und es braucht sich vor dem möglichen Tod durch den Jäger nicht zu fürchten. Denn sein unnatürlicher Tod ist ausgemacht: im Schlachthof, meist schon nach nur einem Jahr Lebenszeit.

Das Wildschwein lebt die ganze Zeit in Freiheit, muss sich bei der Futtersuche etwas mehr anstrengen. Und ja, es lebt mit dem geringen Risiko, durch eine Kugel des Jägers vorzeitig sterben zu müssen. Das Mastschwein dagegen führt ein tristes Leben, dessen Wert einzig darin liegt, eine verwertbare Leistung zu erbringen – nämlich sich selbst. Warum, so lautete die abschließende Frage des Referenten, haben sich dann so viele Menschen dazu entschieden, als Mastschweine zu leben? Als er den Raum verließ, hinterließ er etliche betretene Gesichter.

So gesehen waren im August 2010 einige Fernsehteams und Journalisten sowie ein Notar in meinem Stall in Telfs versammelt, in dem ich selbst so viele Jahre als Hausschwein gelebt hatte. Nun stand die Verlosung des Hauses an; sie fand im Wohnzimmer statt, mit Blick auf die Berge. Alle 21 999 Lose waren verkauft, unter den Käufern waren sowohl welche, die im Glücksfall einziehen wollten, als auch solche, die vorhatten, es gleich wieder zu verkaufen und den Gewinn an MyMicroCredit zu spenden. Einige der Interessenten hatte ich bei mehreren Tagen der offenen Tür kennenlernen dürfen. Sie spazierten durch das, was einmal mein Zuhause gewesen war, inspizierten die Bar 224 im Garten und die Fitnessräume. Manche interessierten sich für meine Projekte und meine Geschichte, anderen dagegen war ich völlig egal. Innerlich hatte ich mich längst von diesem Haus verabschiedet. Es wäre ja fatal gewesen, im Moment der Verlosung im Wohnzimmer zu stehen mit einem klammen Gefühl im Bauch, weil damit der Auszug besiegelt sein würde. Dann hätte ich diesen Weg nicht beschreiten dürfen.

Ich war selbst sehr gespannt, an wen ich meine Schlüssel würde übergeben können. Unter Aufsicht des Notars wurden der Reihe nach fünf Ziffern gezogen. Und als wollte mich das Schicksal nachträglich noch einmal darin bestätigen, dass es richtig gewesen war, unsere Aktivitäten auf Deutschland auszuweiten, bekam niemand aus Österreich den Zuschlag, sondern eine Frau aus Bayern. Nachdem ich ihre Nummer gewählt hatte, hörte ich eine zunächst fassungslose Dame am Telefon, die ihr Glück kaum glauben konnte.

Als die Medienvertreter mein Haus wieder verlassen hatten, saß ich einen Moment lang allein im Wohnzimmer, das nun nicht mehr meines war. Mit dieser Verlosung war der letzte Schritt hinaus aus meinem alten Leben vollzogen. Doch trotz seiner Bedeutung haftete diesem Moment nichts Besonderes, nichts Dramatisches an. Im Film würde man in einer solchen Szene großes Gefühl in C-Dur hören, mit Pauken und Trompeten. Die Kamera würde dem Protagonisten ganz nah kommen, so dass man die Augen sehen kann, und dann in die Ferne schwenken. Doch ich saß einfach nur da und wusste, dass alles gut ist. Nun konnte ich endlich in mein neues Leben starten.

In den folgenden Tagen besprach ich mit der Gewinnerin die Modalitäten meines Auszugs. Mir blieben noch ein paar Wochen Zeit, um meine Sachen zu packen. Die spannendste Erkenntnis in dieser Zeit war, zu sehen, was ich alles nicht mehr brauchte und wie leicht es mir fiel, mich von vielen Dingen zu trennen, zum Beispiel Businessklamotten, die ich nicht mehr tragen wollte, oder Trophäen, Urkunden und andere Beweise meines Erfolgs. Ich ließ weit mehr zurück als ursprünglich geplant. Was ich mitnahm, passte in ein paar Packtaschen und Kartons. Doch wohin jetzt?

Mein Wunsch war, eine ganz einfache Bleibe zu finden, irgendwo, Hauptsache in der Natur, weit weg von der Stadt. Ich wurde fündig bei einer Frau, die neben ihrem Bauernhaus eine kleine Hütte zu vermieten hatte. Normalerweise übernachteten hier Wanderer, wenn sie einen typischen Tiroler Bergurlaub erleben wollten. Auf 19 Quadratmetern verteilen sich vier Räume. Es gibt dort: ein Badezimmer mit Toilette, eine schmale Küchenzeile. Gegenüber ein Boiler und ein Schrank, der gleichzeitig Raumteiler zwischen Wohn- und Esszimmer ist, an das der Schlafbereich anschließt. Mit einer Terrasse davor und einem Blick in die Unendlichkeit.

Als ich meine erste Nacht dort verbrachte, hatte ich das Gefühl, wirklich im Jetzt angekommen zu sein. Schon mein Eintreffen dort war fantastisch. Ich erreiche die Hütte nach einem Gleitschirmkurstag und höre ein ganz zartes »Määäää«. Steht dort ein Geißbock, ein Riesentier mit ein Meter langen Hörnern, wunderschön geformt. Aber er klingt eher wie ein Kitz, eine kräftige Stimme hat er nicht. Ich denke mir: »Ein sehr kommunikativer Herr, mit dem unterhältst du dich jetzt a bisserl.« Relativ schnell schließen wir Freundschaft. Er ist der stille Herr des Hauses, zu seinem Hofstaat gehören sieben Ziegen und zwei Schafe. Und er liebt es, wenn man mit ihm spielt. Ihn an seinen Hörnern zu packen, ist unglaublich. Das Tier hat eine unfassbare Kraft im Hals. Seitdem begrüßt er mich jedes Mal, wenn ich dort ankomme, er kommt zum Zaun und hält mir seine Hörner zum Spielen hin.

Und wenn ich dann in meinem neuen Zuhause sitze, weiß ich, dass ich wirklich am schönsten Ende der Welt angekommen bin. Man hört nichts außer dem Rauschen des Baches, den Wind in den Blättern und spürt die unendliche Energie der Natur.

Ein paarmal bin ich von hier aus schon nachts in die Dunkelheit gewandert und habe gemerkt: Das ist genau so, wie ich jetzt leben möchte. Ich hätte das in Telfs schon so machen können, aber dort hätte es einfach nicht gepasst. Ich wäre gar nicht erst auf die Idee gekommen, im Stockdunklen das Haus zu verlassen, um spazieren zu gehen. Es hat sich offensichtlich einiges geändert in meinem Leben. Ich habe begriffen, dass man nichts besitzen und nicht viel tun muss, um ein glückliches Leben zu führen. Es reicht, wenn man nur eines tut: nämlich SEIN.

Epilog

Wenn ich auf der Terrasse meines neuen Zuhauses sitze, geht mir immer wieder das Herz über: Direkt vor mir breiten sich die Almwiesen aus, einen guten Kilometer entfernt ragt ein Kirchturm in die Höhe, überstrahlt wird all das vom Bergpanorama des Rofangebirges. Diese selbst gewählte Einsamkeit ist schlicht überwältigend, auch weil der Kirchturm gewissermaßen eine Verbindung zum Rest der Menschheit herstellt. Er ist ein Symbol dafür, dass ich in meiner Abgeschiedenheit nur so lange ganz für mich allein zu sein brauche, wie ich es möchte. In dieser Hütte bin ich am Ende eines Weges angekommen, zugleich ist sie aber auch der Startpunkt eines neuen. Wohin der mich führen wird? Ich habe keine Ahnung.

Ich bin selbst gespannt, welche Erfahrungen ich auf diesem neuen Weg machen werde. Echte Kompetenz habe ich ja vor allem darin zu beschreiben, welcher Weg nicht zum Glück führt: der nämlich, den ich so lange beschritten habe und der mich so unzufrieden hat werden lassen. Ich kann mir gut vorstellen, dass es auch in meinem neuen Leben Momente geben wird, in denen ich den Komfort des alten Lebens zu schätzen wüsste. Etwa, wenn es in Strömen regnet, ich durch das sumpfige Gras zu meiner Hütte stapfe und mich durchnässt in die Kälte setze. Ich ahne aber schon jetzt, dass das meiner grundsätzlichen Zufriedenheit nichts wird anhaben können. Früher habe ich ein unglückliches Leben geführt, das gelegentlich von glücklichen Momenten unterbrochen wurde. Nun führe ich ein glückliches Leben, in dem ich hin und wieder beschwerliche Momente hinnehmen muss. So herum ist es mir deutlich lieber.

Im Herbst 2010, nachdem die Hausverlosung abgeschlossen war, habe ich mich für einige Wochen nach Italien verzogen, um auf dem Franziskusweg zu wandern. Der führt durch die Toskana und Umbrien und endet irgendwann in Poggio Bustone – einem Ort, über dem ich als Segelflieger oft meine Kreise gezogen hatte. Nun eröffnete sich mir die Gelegenheit, diese Gegend auch auf Höhe der Grasnarbe zu erkunden. Es ist eine der unbekannteren Pilgerstrecken und deshalb nicht so überlaufen wie etwa der Jakobsweg in Spanien. Man streift viele Stationen des heiligen Franziskus, Assisi genauso wie verschlafene Dörfer, die mit ihren trutzigen Kirchen aussehen, als wäre die Zeit stehengeblieben.

Beinahe jeden Tag war ich auf den Beinen, habe unter freiem Himmel oder bei einem Einsiedlermönch geschlafen und diese Zeit zur inneren Einkehr genutzt. In diesen drei Wochen wurde mir klar, was hinter der Redewendung »Der Weg ist das Ziel« steckt. Es geht bei einer solchen Wanderung nicht darum, irgendwo anzukommen, sondern darum, unterwegs zu sein und jeden Moment in sich aufzusaugen. Die mittelitalienische Landschaft, Ausblicke über die weiten Täler bis zum Horizont, die schroffe Freundlichkeit der Menschen.

Mit meinem Leben verhält es sich im Grunde genauso. Mein Weg zu mir selbst war ein sehr langer Prozess, der damit begann, dass ich spürte: Dies und jenes führt mich nicht zum Glück, es hält mich vielmehr davon ab. Je mehr ich merkte, was es nicht ist, umso mehr bekam ich eine Idee davon, was es sein könnte. Meine Vermutung ist: So richtig weiß man es nie. Aber allein das Gefühl zu haben, auf dem richtigen Weg zu sein, macht schon sehr glücklich. Und doch werde ich unterwegs womöglich nicht darum herumkommen, an einzelnen Punkten eine neue Richtungsentscheidung treffen zu müssen.

Ob es mir zum Beispiel dauerhaft gelingen wird, tatsächlich von nur tausend Euro im Monat zu leben, wie ich es mir vorgenommen habe, kann ich noch nicht sagen. Einerseits ist mir bewusst, dass ich damit im Verhältnis immer noch mehr Ressourcen zur Verfügung habe als 90 Prozent der Weltbevölkerung. Andererseits verursacht auch das sparsamste Leben in unserer Gesellschaft so hohe Kosten, dass die tausend Euro schnell aufgebraucht sein können. Was ich allerdings sicher weiß, ist, dass ich mein Geld sehr viel bewusster ausgebe, als ich es früher getan habe, und dass ich darauf achte, mindestens die Hälfte meiner Zeit für Dinge zu verwenden, die nicht dem Geld-erwerb dienen.

Ein Inder, den ich in Innsbruck kennenlernte, fragte mich einmal, was der Sinn meines Lebens sei. Ich antwortete: SEIN! Das bedeutet für mich, meine Ener-gie und Lebenszeit zu verwenden, um Glück, Zu-friedenheit, Lebensfreude und ein inneres Lächeln entstehen zu lassen, bei mir wie bei anderen. Es geht mir ums Gesamtsystem, um meinem Beitrag zum großen Ganzen. Auch wenn ich das Wort Nachhal-tigkeit nicht wirklich mag: Es ist mir ein Anliegen, meinen Beitrag für die Nachhaltigkeit im gesamt-energetischen Sinne zu leisten. Unser herkömmli-ches Denken basiert einzig auf Entnahme – Konsum ist ja nichts anderes. Doch wenn wir weiter nur ent-nehmen, wird irgendwann nur noch Leere übrig blei-ben, in den Köpfen, den Herzen und den Seelen genauso wie in der Natur. Dem möchte ich entgegen-wirken.

Wenn ich einen Wunsch habe, dann den, dass Sie dieses Buch als Gedankenanstoß verwenden und nicht als Vorlage. Ich möchte niemandem vorschreiben, wie er sein Leben zu führen hat, das muss jeder für sich selbst entscheiden. Ich verstehe mich nicht als Mis-sionar, sondern als Marillenernter. Ein Missionar geht zum Baum und sieht, dass ein Großteil der Marillen noch nicht reif ist, nur ein, zwei sind schon essbar. Nun stellt er sich unter den Baum und brüllt den Rest an: »Schaut euch diese beiden Marillen an, ihr müsst so werden wie sie.«

Ich dagegen bin lieber der, der sich fragt: »Wie viele Marillen möchte ich heute essen?« Wenn es eine oder zwei sind, pflücke ich die beiden. Möchte ich dagegen vier essen, muss ich mich fragen: Will ich eine noch grüne Marille ernten oder bleibe ich lieber geduldig? Kann ich erwarten, dass die Marillen ihren Reifungsprozess auf meinen Gusto abstimmen?

Jede Marille wird irgendwann reif, die eine ein paar Tage früher, die andere ein paar Tage später. Keiner sagt, dass die beste Marille die ist, die als Erste erntereif wurde. Es hat keinen Sinn, unreife Früchte anzubrüllen, sie werden dadurch nicht reifer. Bei den Menschen ist es genauso: Je mehr man sie zu etwas drängt, umso weniger rund laufen sie und umso unfähiger und unwilliger werden sie, sich zu entwickeln.

Man kann, um beim Beispiel vom Marillenbaum zu bleiben, überlegen: Braucht der Baum mehr Wasser oder vielleicht etwas Dünger? Braucht er vielleicht eine liebevolle Ansprache nach dem Motto: »Toll, du hast schon zwei Marillen ausreifen lassen. Eine nehme ich mir, esse sie gleich und sag dir, wie gut sie schmeckt.« Das tut vermutlich beiden gut. Und der Baum hat eine Motivation, die restlichen Marillen schneller reifen zu lassen. Aber er tut das dann aus eigenem Antrieb. Es ist würdig – und es ist ohnehin so, wie es ist. Die Marillen sind noch grün, man kann den Kopf in den Boden stecken oder hüpfen, bis die Knie wehtun – auch dadurch werden sie nicht schneller reif.

In meiner Funktion als Marillenernter möchte ich künftig Menschen dabei unterstützen, die Stimme ihres eigenen Herzens wahrzunehmen. Und das am liebsten in der Wüste, weil es dort nichts gibt, was diese Stimme übertönen könnte.

Um mögliche Orte für solche Wüstenseminare auszukundschaften, reiste ich im Winter 2010 in eine dieser Wüsten. Wir, ein deutsches Ehepaar als Kontaktpersonen, zwei Beduinen und ich, machten uns in einem Jeep auf den sandigen Weg. Nach zwei Stunden war mir klar: Ein Jeep ist kein Fortbewegungsmittel für mich. Er macht Lärm, er schottet nach außen ab, man bekommt kaum etwas von der Umgebung mit. Und er bewegt sich relativ schnell, so dass man Details nicht erkennen kann. Also stieg ich immer wieder aus und marschierte zu Fuß weiter, um die Wüste mit allen Sinnen wahrzunehmen. So konnte ich dieses Erlebnis voll auskosten: die Weite und Leere, die Trockenheit und auch die Hitze.

Wie gut mir die Wüste mit ihrer Einsamkeit und Stille tat, spürte ich vor allem abends und nachts. Denn noch spannender als die Tage waren die Nächte. Dunkel wurde es gegen sechs Uhr, bald darauf war ein unglaublicher Sternenhimmel zu sehen, viel klarer, als man das von Mitteleuropa kennt. Bis zum nächsten Morgen um sechs, wenn die Sonne wieder aufgeht, hat man schier unendlich viel Zeit, zu träumen und zu beobachten.

In der letzten Nacht bekam ich Besuch von einem Wüstenfuchs, der mit mir spielen wollte. Er zog ganz zart am Fußende meines Schlafsacks, am nächsten 234 Morgen fand ich noch nicht einmal die Abdrücke seiner Zähne am Schlafsack. Aber wie viele andere vor mir verspürte auch ich in jener Nacht eine gewisse Angst.

Tags darauf erzählte der eine Beduine von einer Frau, mit der er einmal unterwegs gewesen war. Sie hörte den Wüstenfuchs heulen und wollte danach partout nicht mehr einschlafen, aus Angst vor dem Fuchs. Der Beduine fragte nur: »Are you a chicken?« Denn nur wenn sie ein Huhn sei, müsse sie sich vor dem Fuchs fürchten. Das Einzige, was ein solcher Fuchs, der kaum größer ist als eine Hauskatze, Menschen antut, ist, mit ihnen spielen zu wollen, bevorzugt mitten in der Nacht. Diese Anekdote erinnerte mich sehr an den Fuchs aus *Der kleine Prinz* von Antoine de Saint-Exupéry. Der sagt darin: »Man sieht nur mit dem Herzen gut. Das Wesentliche ist für die Augen unsichtbar.«

Ich führe nun das Leben eines Adlers, die Hütte, in der ich lebe, ist so gesehen mein Adlerhorst. Hierhin kehre ich zurück, um mich von meinen Ausflügen zu erholen, hier finde ich Ruhe und schöpfe neue Kräfte. Wer weiß, wann sich wieder jemand finden wird, mit dem ich mein Leben teilen kann. Die Indianer erzählen sich, dass die Adler eine ganz eigene Art haben, ihre Partnerin auszuwählen. Sie entscheiden sich nicht für die schönste, gebärfreudigste oder fürsorglichste. Sondern für die, mit der man am besten spielen kann.

Ich sehe das ähnlich, wobei ich den Begriff »Spielen« sehr weit fasse. Ich begreife darunter Lebensfreude

und ein gemeinsames Erleben, das auf kein Ziel ausgerichtet ist, das nichts erreichen will. Ich will »das
Leben spielen«, egal, an welchem Ort, auch weit oben
in der Luft. Dort, wo die Freiheit nur eine Grenze
kennt: die, die man sich selbst setzt.

Ich betrachte es als Geschenk, dass ich heute ein
Leben führen darf, das in einem kleinen Haus in Leonding begann und mich über den Umweg einer Luxusvilla in Tirol und eines »Châteaus« in Frankreich zurück in eine einfache Hütte geführt hat. Aus einem
Jungen, der in der Kleinstgärtnerei seiner Großeltern
beim Tomatenpflücken und Erbsenschälen half, ist ein
Mann geworden, der in anderen die Zuversicht säen
möchte, dass die Unzufriedenheit, die so viele in sich
spüren, kein Grund zum Verzweifeln ist. Im Gegenteil, sie ist eine Chance zum Lernen und Wachsen
– wenn man bereit ist, ihr auf den Grund zu gehen.

Machen Sie es wie ich: Hören Sie auf die Stimme
Ihres Herzens. Sie ist der beste Wegweiser, den Sie sich
auf dem Weg zu einem glücklichen Leben wünschen
können.

MyMicroCredit

Was sind Mikrokredite?

Mikrokredite sind Kleinstkredite an Kleingewerbetreibende, überwiegend in Entwicklungsländern. Die Kredite werden in der Regel von spezialisierten Mikrofinanzinstitutionen und nichtstaatlichen Entwicklungshilfeorganisationen vergeben. Zentral ist das Prinzip »Hilfe zur Selbsthilfe«: Statt Bedürftige durch Spenden kurzfristig zu versorgen, soll ihnen durch Bildung und Existenzgründung ein finanziell unabhängiges Dasein ermöglicht werden.

Schon 1976 gab es in Bangladesh ein derartiges Programm, das von Muhammad Yunus initiiert wurde und aus dem 1983 die Grameen Bank hervorging. Im Jahr 2006 erhielten Yunus und die Grameen Bank für die Bemühungen um die »wirtschaftliche und soziale Entwicklung von unten« den Friedensnobelpreis.

Was tut MyMicroCredit?

Die von Karl Rabeder mitgegründete Non-Profit-Organisation *MyMicroCredit* verbindet die Idee der Mikrokredite mit den Möglichkeiten des Internets. Die Homepage der Organisation ist eine Plattform, die Kreditnehmer aus armen Ländern direkt mit sozialen Investoren zusammenführt. Menschen in Europa haben so die Möglichkeit, schnell, direkt und transparent Mittel für bedürftige Menschen in Lateinamerika, Asien und Afrika bereitzustellen, sowohl in Form von Mikrokrediten als auch durch die Finanzierung von Schulungen und Ausbildungen. Ein wesentlicher Bestandteil des Konzepts von MyMicroCredit ist Nachhaltigkeit. Das bedeutet, den Mikrokreditnehmern zusätzlich begleitende Schulungen zur Förderung wirtschaftlicher und fachlicher Kompetenz zu bieten. So wird Wissen aus bereits erprobten Entwicklungsprojekten weitergeben, was zur nachhaltigen Erfolgsentwicklung des Mikrokreditnehmers beiträgt.

MyMicroCredit hat in den Entwicklungsländern sogenannte Field Partner. Dies sind meist Non-Profit-Organisationen, die die Kreditvergabe abwickeln und die Mikrokreditnehmer bei der Ausbildung und beim Aufbau ihrer Existenz unterstützen.

Wie finanzieren sich Mikrokredite und die Organisation MyMicroCredit?

Das Geld der Kreditgeber fließt zu hundert Prozent an die Kreditnehmer. Die Field Partner finanzieren sich fast ausschließlich durch Zinszahlungen der Mikrokreditnehmer.

MyMicroCredit selbst finanziert sich durch Spenden der sozialen Investoren und wird von Spenden der Gründer, von Organisationen und Sponsoren gestützt.

Auch die Honorare, die Karl Rabeder für Coachings, Vorträge (*www.referentenagentur-bertelsmann.de* und *www.rabeder.com*) und dieses Buch erhält, fließen zu großen Teilen in die Weiterentwicklung von MyMicroCredit, GREENHOUSE und andere Entwicklungshilfeprojekte.

Wie vergibt man einen Mikrokredit?

Wer ein zinsloses Darlehen vergeben will, kann sich auf der Website von MyMicroCredit für eine ganz bestimmte Person und ein ganz konkretes Projekt entscheiden. Damit sich möglichst viele Menschen als soziale Investoren betätigen können, beträgt die Mindestsumme lediglich 25 Euro. Sobald der Kreditnehmer den Kredit zurückbezahlt hat, wird der Kre-

ditgeber informiert und kann sich entscheiden, ob er
das Geld zurückbekommen oder in einen weiteren
Mikrokredit investieren will.

Mehr Informationen unter

www.mymicrocredit.org